move up go with

句動詞の
トレーニング

「普段着の英語」を身につけよう！

off

put o

田邉祐司

paper over　think ahead
run across　eat in

fall apart

back away

go through　get down

go around

stand by

pull out of

大修館書店

左の二次元コードから, 本書に収められている課題 (和文英訳)
の解答例 (英文) の音声を聴くことができます。
https://www.taishukan.co.jp/item/everyday_phrasal_verbs/

はじめに

　著者の勤務先の専修大学文学部は川崎市の生田^{いくた}キャンパスにあります。ここは多摩丘陵の生田緑地に接し，研究室からは富士山や南アルプスが遠くにのぞめます。ただその分，徒歩で通学する学生には結構な登りとなり，彼らは「登校」を「登山」と称するほどです（下校は「下山」）。

　さて，その「登る」ですが，次の文をどう英訳しますか。

> 彼らは毎日丘を**登って**通学します。

　動詞に climb を用いて，They **climb** the hill to go to campus every day. と表現する人が多いかなと思います。「登る＝climb」という「公式」が刷り込まれているからでしょう。間違いではありませんが，英語母語話者（以下，ネイティブ）は少し首をかしげるかもしれません。それは climb の**基本義**（ベーシック・ミーニング，basic meaning）が「**手足を使ってよじ登る**」（G6）だからです。

　ネイティブが英訳する場合，自然に選択する動詞は walk や go などです。でも動詞だけでは「歩く」，「行く」などの動きを表すだけで，「登る」意味にはなりません。そこで彼らはさらに up を加えて，下のように基本語と副詞の組み合わせで表現するのです。

> They **walk/go up** the hill to go to campus every day.

　では，もう一題。

> ニセコのスキーツアーから，ちょうど今**戻った**ところです。

　この文では returned が浮かんだのではないでしょうか。return でもちろん問題はまったくありませんが，ネイティブが普通，選択するのはやはり get や come という基本動詞に「戻った」を意味する back を付けた次のような表現です。

> I **got/came back** from a ski trip in Niseko.

　物事を表現する際，英語を外国語として学ぶ私たち（English as a Foreign Language learners, EFL learners）の念頭に先に浮かぶのは難しい単語（**big word** と呼ばれます）です。しかし，ネイティブがまず想起するのは，ラテン語やギリシア語由来の big word ではなく，基本動詞と副詞や前置詞とを組み合わせた「**句動詞**」（**phrasal verb**）と呼ばれる表現形式なのです。

> 「**動詞＋副詞**」（例：walk up, go up, get to）
> 「**動詞（＋副詞）＋前置詞**」（例：put up with, come down with）

　句動詞は学術上の定義では「構成する動詞や前置詞／副詞だけからでは句全体の意味が推測しにくいもの」（例：wheedle away, flicker out，CEFR C1レベル）とされています。

　しかしながらこの定義はネイティブの観点からのものであり，EFL learners には fit しないと著者は考えています。

　big word が「**よそ行き服**」とするならば，句動詞はいわば「**普段着**」とも呼べるシンプルな単語の連合体です。ネイティブは日常生活の中でこうした「普段着の英語」に親しみ，その後，成長

するにつれて big word, academic terms（学術用語）, technical terms（専門用語）などの難易度が高い「よそ行き服の英語」（big word）を習得していきます。それが母語習得の自然なプロセスなのです。

　しかし，EFL learners である私たちの多くがこうしたプロセスを経ることは通常，ありません。英語学習の開始時期は人それぞれですが，小学校高学年を起点とするなら，「普段着の英語」にふれる時期は確かにあります。でもその期間は短く，中学校，高等学校に進むといきなり「よそ行き服の英語」のシャワーを浴びることになるのです。その結果，句動詞は体系的に扱われることはほとんどなく，せいぜい**熟語**（イディオム）というカテゴリーで少しだけふれられる程度の状況が続いています（**「熟語動詞」**，**「複合動詞」**，**「群動詞」**などとばらばらに呼ばれていましたが，近年は「句動詞」に統一されてきました）。つまり，日本では，句動詞を中心としたシンプルな単語の組み合わせで一定の表現ができるという「成功体験」なしに英語学習のプロセス（特に語彙・表現）は進んでしまうのです。

　小学校高学年での教科としての英語教育の開始，大学入試の変革，2020年度からの新たな学習指導要領，そして4技能（5領域）の統合が求められる時代に入った今，肝心の語彙・表現学習の基盤がこのままで良いのでしょうか。「コミュニケーションと言う割には……」という思いを抱いています。これまで「放置」されてきた句動詞にもっと目を向けるべき時期が来ているような気がします。

　以上の問題意識から，著者は句動詞表現を「普段着の英語」（**"Everyday English"**）と名付け，『Asahi Weekly』（AW，朝日新聞社）紙上で，基本動詞に付く副詞／形容詞が担う役割の観点をもとにした「和文英訳」のコラムを連載してきました。

幸い連載は好評で，著者の講演会やワークショップでも専門の英語発音，音声指導などと並んで，テーマとして求められることになりました。こうした声に後押しされる形で連載時の原稿に大幅に加筆し，修正を加えたのが本書です。

　本書では AW 連載時のスタイルの「和文英訳」を基本としつつも，新しい試みとして解説部分を語りかけるエッセイ風にふくらまし，また，視覚的に句動詞が読者の記憶に残るようにイラストを盛り込んでみました。

　個人での英語学習，さらには学校現場，各種の英語教室や研修会などの場などで本書をボロボロにするまで使いこなされ，「普段着の英語」をカジュアルに着こなされることを切に望みます。

2023年6月

専修大学生田キャンパスにて

田邉 祐司

[本書で参照した辞書の略号]

CALD[4]: Cambridge Advanced Learner's Dictionary（4th）

CCALED[5]: Collins COBUILD Advanced Learner's English Dictionary（5th）

G6:『ジーニアス英和辞典』（第6版）

LDOCE[6]: Longman Dictionary of Contemporary English（6th）

MEDAL[2]: Macmillan English Dictionary for Advanced Learners（2nd）

MWCD[11]: Merriam-Webster's Collegiate Dictionary（11th）

OALD[7]: Oxford Advanced Learner's Dictionary（7th）

目次

本書は，朝日新聞社の週刊英和新聞『Asahi Weekly』に 2017 年 4 月 9 日号から 2019 年 3 月 24 日号まで連載されたコラム「句動詞 de 英作文」をまとめ，大幅に加筆修正したものです。

1 「上の方向への動き」の up

　学校で最初に出会う句動詞は何でしょうか？　これはもちろん人によって違うわけで，確たることは言えませんが，著者の教育経験からは授業の開始／終了時のあいさつの **stand up** / **sit down** ではないかとにらんでいます。その stand up にあるのが up という副詞です（対義の down は → §13-16）。

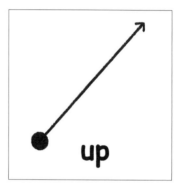

　up の意味の中心は **「上方に。上方への運動・移動を表す」** です（G6）。これをもとに **「数量・質・勢いが増す」** などの意味が生まれ，基本動詞に動きを与えるのです。

　では実際に up の働きぶりを見てみましょう。英訳にトライしてください。

①裕香さんは仕事ぶりが認められ**出世して**課長になった。
　ヒント「仕事ぶり」excellent work　「課長」section chief

　ポイントの「出世する」はもちろん promote ですが，やや堅

い感じがします。

「普段着の英語」の発想からは move や go に up をくっ付けると，up が動詞に**「上方に」**という動きを与え，「出世する」という意味を表します。to はもちろん昇進の「到達点」を指します。

ちなみに **move up the social ladder** は「社会的なハシゴを登る」という意味のイディオムで，日本語の「出世する」に近い意味が表せます。

部長
次長
課長
係長
主任

up

解答例① Yuka **moved up the social ladder** to a section chief because of her excellent work.

次は語学学習ではお馴染みの表現です。即訳してください。

---

② どこでベトナム語を（自然に）**覚えた**のですか。

ヒント 「ベトナム語」Vietnamese

「習得する」で想起するのは acquire でしょうか。間違いではないですが，これはレベルの高い言葉です（学術的には acquire は**生活からの自然獲得**，learn は**学習しての習得**というように区別します）。

句動詞で考えると，この文には **pick up** がピッタリはまります。目的語に**「言葉」**や**「スキル」**などがくる場合，**「（自然に）学ぶ，**

習得する」という意味を表せます。これは pick up の「(拾い)上げる」という動作から発展したもので，「見たり聞いたりして（自然に）覚える」という意味になります。

なお，pick up には別に様々な用法がありますので，チェックをしてください（例：She **picked up** the phone. 彼女は受話器を取り上げた / Do you think you can **pick up** some coffee for me on your way back? 帰りに私にコーヒーを買ってきていただけませんか）。

解答例② Where did you **pick up** Vietnamese?

蛇足ながら，ネイティブから "Where did you **learn** your English?" と聞かれたら，その人にはあなたの英語が "learn" した産物と響いている可能性が高くなります。英語がナチュラルであれば，"Where did you **pick up** your English?" という言い方になることが多いはずです。といってもあくまで一般論ですが，ネイティブと学生たちの会話を聞いていると，こんなことにも気付いてしまいます。

著者は13年間お世話になった旧研究室から新館のピカピカの研究室へと引っ越しました。その際には感謝の念を込め，旧研究室の大掃除に勤しみました。

さて，この**「大掃除をする」**，英語ではどう訳しますか？

---

③（母親が子供に）部屋がめちゃくちゃじゃないの。すぐに**きちんと片付けなさい**。

ヒント 「めちゃくちゃ」mess

これは「あるある」のシーンですね。「片付ける」はズバリ clean ですが，お母さんが「きちんと」と言っていますので，**「完全に」**（*G6*）というニュアンスが出る up を使ってみます。

なお，「大掃除する」は**「徹底的に掃除する」**ことなので，やはり **clean up** です。この手の up は多くの場合，話者が**「強調」**したい時に登場します（例：**Eat** it **up**!（親などが子供に）ちゃんと全部食べなさい！）。

解答例③ Your room is a mess! **Clean** it **up** immediately.

次も同じ up の用法です。Put it into English!

---

④ 久しぶりにバイクに乗ろうと決めたんだ。もう一度ライディングスキルを**学び直さなければならない。**

ヒント 「久しぶりに」after a long break 「バイク」motorcycle 「ライディングスキル」riding skills

---

「学び直す」は learn 〜 again で表せますが，「久しぶりに」を踏まえると，**brush up** が適しています。動詞 brush は「ブラシをかける」ですね。これに課題③で取り上げた**「完全に」**（*G6*）を表す up を付けると，"to practise and improve your skills or your knowledge of **something that you learned in the past**"（*LDOCE*⁶）となります（太字は著者）。

留意点は定義の**「かつてやっていたが，使わなくなり，さび付いてしまったスキルや知識を取り戻す」**という箇所です。カタカナの「ブラッシュアップ」は「…を洗練／向上させる」という意味で日本語化していますが，大元の英語は上記の通りカタカナと

はギャップがありますので，注意してください。

なお，中高年になって再びバイクにまたがる人，いわゆる**「リターンライダー」**は英語では **born-again biker/rider** と言います。確かにウン十年も離れて再びマシーンにまたがるのはまさに born-again です。著者は若い頃，限定解除ライダーでした（現在のように自動車学校で受検するのではなく，運転試験場に通い，7回目で解除を果たしたのです（当時の平均は50回！）近頃，著者は born-again したいという気持ちが膨らんでいます。

解答例④ I've decided to get a motorcycle after a long break. I must **brush up on** my riding skills.

次はわが家ではおなじみの光景です。英訳してみてください。

---

⑤ うちの子犬は宅配のトラックが家の前に**停まる**ときまって吠え始める。

ヒント 「子犬」puppy 「宅配のトラック」delivery truck 「吠える」bark/yelp

「（車が）停まる」には stop，少し難しい単語だと halt が思い浮かびます（**come to a stop/halt** も可）。でも「普段着の英語」なら，こうした場面では **pull up** です（**pull over** も可）。pull up の up は**「無活動［停止］の状態に」**（G6）という意味を動詞に付加します。ここでの「無活動」とは**「車輪の停止」**のことを意味します。

時代はずいぶんと遡（さかのぼ）りますが，米国の西部開拓の駅馬車時代に御者が馬を止めるのに手綱をグイッと手前（上方へ）に引いた

（up）のが pull up の由来です。

> **解答例⑤** Every time a delivery truck **pulls up** in front of our house, our puppy starts barking/yelping.

　次は**「無活動」**とは違う動作をサポートする用法です。よくある店頭販売の口上^{こうじょう}です。英訳してください。

> ⑥（マグロの解体ショーで魚屋さんが）皆さん，これから
> 　マグロを丸ごと**さばいて**みせます。
> ヒント 「マグロを丸ごと」a whole tuna

　「さばく」に相当する専門用語には fillet や carve があります。でも，口上としては両方とも big word 過ぎます。
　「普段着」では **cut up** という表現がここでは最適です。この up は**「上へ」**のイメージから**「ばらばらの状態に」**（*G6*）という意味を cut に与えます。学校では覚えやすくするために**「分裂・破壊の up」**とも呼ばれ（ちょっとコワいワーディング！），魚の他，**肉，野菜，果物類，紙，岩**など，ばらばらにできるものが目的語に来ます。

> **解答例⑥** OK, everyone/guys! Now I'm **cutting up** a whole tuna for you.

　上述の**「分裂・破壊の up」**とは正反対の用法があります。英語にしてみましょう。

　これは著者のスポーツジムでの実体験からです。「合計する」は **add** に **up** を加えることで表現できます。up は，上述の「分裂・破壊の up」とは正反対の**「寄せ集めて」**(*G6*) という意味を加えてくれます。寄せ集めたり，積み重ねたりする動作を up が担います。

　ちなみに calorie は meter や gram などと同様に数量を測る単位（unit）なので，calories と数えることができます（countable）。

解答例 ⑦ Could you **add up** the number of calories you have taken for the past week?

　以上，句動詞は「基本動詞＋副詞／前置詞」の型で，普段，私たちが何気なく用いる日常のコミュニケーションに**潤い**を与えてくれるニクい言葉たちなのです。

2 「空間的な意味」の out (1)

子供の頃に，なぜか覚えてしまったのが "Let's get out of here!"（ずらかるぞ！）というフレーズです（イタズラばかりしていましたから……）。

このセクションでは get out のような「out 句動詞」にスポットを当てます。

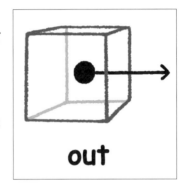

out の基本義は「**中から外へ，離れて；現れて**」で，これをベースにして「**外へ（出て）**」，「**離れて，遠くへ**」，「**なくなって**」，さらには「**現れて**」などの用法が発展してきました（*G6*）。

まずは太字箇所に注意してサクッと英訳してください。

---

①博多行き夜行バスはたった今，バスタ新宿**を出た**。
　ヒント 「夜行バス」night bus 「バスタ新宿（名称）」Busta Shinjuku

「出る，出発する」は leave/depart ですが，こんな時にネイティブ御用達なのが **pull out of** です。

pull のイメージは私たちにはもっぱら「引っ張る」だけかもし

れません。でも，pull out でも leave と同じ意味合いを出せるのです。「交通系」で pull が用いられるのは車輪と関係しているからです（→ p. 14）。

　pull に「**出発の out**」と呼ばれる out を持って来ると，バスターミナル，駅のような建物，路肩，ガソリンスタンドなどから「**外に出た，離れた**」という「空間的な動き」を動詞に加えます。of は動きの「**出どころ**」を示します。同類の **pull into, pull over**（→ p. 97）と併せて確認しておきましょう。

　なお，pull out には目に見えるアクションだけではなく，「**病気や困難などから抜け出す**」という比喩的な用法もあります。「苦しい状況などから leave する」と考えると，理解しやすいですね。

解答例 ❶ The night bus (bound) for Hakata (has) just **pulled out of** Busta Shinjuku.

　新型コロナの影響で外食の機会が一時激減したことがありました。即訳してください。

---

② ボーナスが出たので，今夜は**外食にしようか**。

　「外食」は噛み砕くと eat outside the house ですが，話すと少し冗長（wordy）な感じがします。ここはシンプルに **eat out** を用いましょう。家ではなく**外で食べる**ことを「**外へ（出て）**」（G6）という意味の out が担います。この out は「**外出・不在の out**」と呼ばれます（cf. eat in）。

　蛇足ながら，英語圏での bonus は契約成立や売り上げに貢献した場合などに支給される「特別手当」（extra reward）を意味し，

毎年決まった時期に支給される日本の「賞与」（ボーナス）とは別物です。

> 解答例② I've got my bonus today. Shall we **eat out** tonight?

さて，課題③は著者の若き日の心臓バクバクの場面からです。

> ③ 彼は勇気をふるって，智恵さんを**デートに誘った**。
> ヒント 「勇気をふるう」pluck up one's courage

「誘う」と聞くと，判で押したように invite が出て来る人が多いと思います。でもこれはどちらかと言うと「よそ行き服」の単語です（"to make a polite, formal, or friendly request to（someone）to go somewhere or to do something"—*OALD*[7])。

中学校段階で盛んに出て来るからでしょうか，学生たちが，informal な場面にもかかわらず，invite を多用するのは困りものです。そんな時の代替表現が **ask out** です。これは**「外へ出るかをたずねる→デートに誘う」**という発想からのシンプルな言い回しです。**「外へ出て」**を表す out が効いています。

なお，これからのみなさん（？）は，勇気を出してお相手にたずねる場合のために，Can I **ask** you **out** on a date? や Would you like to **go out** with me? などを英語表現ストックに入れておきましょう。どちらも著者には「ああ，青春！」の表現です。

> 解答例③ He plucked up his courage and **asked** Chie **out**.

次の課題文は直訳しないように気を付けてください。

> ④ とうとう大介は仕事**を辞める**ことを決意した。

「（仕事を）辞める」は確かに resign で行けますが，これは formal（"to give up a job or position by telling your employer that you are leaving"—*CALD*[4]）。この定義にそって「（今の）職場を出て行く」と発想すると，**walk out** と言えることに気づきます。

out にはこれまで見てきたように「中から外へ」の機能がありますが，そこからさらに**「離れて→辞めて」**という意味に発展したのがこの用法です。この out に**「[不利益]〈人〉に損害［迷惑］をかけて」**（*G6*）の意味を持つ on を付けると，シンプルながらも課題の意味を英語にできます。

なお，「とうとう」の相当語 **finally** には**「ついに，とうとう；やっとのことで，ようやく」**（*G6*）などのニュアンスがあり，受験などでお馴染みの **at last** とは違って，**「感情的な意味合い」**が薄い副詞です。

> **解答例 ④** Finally, Daisuke decided to **walk out on** his job.

さて，ラストの文にトライしてください。

> ⑤ 彼はアタッシェケースを開き，分厚い現金の束をひとつ**取り出した。**
> ヒント 「アタッシェケース」attaché case　「分厚い現金の束」a fat bundle of cash

現金の束を見ることなんて今はなかなかないことです。「取り出す」には produce が使えますが（"If you produce an object from somewhere, you show it or bring out so that it can be seen."— *CCALED*[5]），「普段着」では **take out** か定義にある **bring out** でバッチリです。

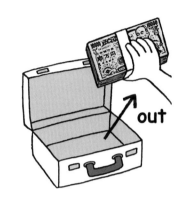

この out は take や bring という動作に「（アタッシェケースの）**中から外へ**」という空間的な移動を付加します。これはセクション導入部で紹介した get out と同じ用法です。

ちなみに，フランス語由来の attaché の発音は /《米》 ætəʃéɪ | 《英》 ətǽʃeɪ / で，アメリカ英語では末尾の母音にストレス（強勢）を置きます。

解答例 ⑤ He opened the attaché case and **took out** a fat bundle of cash.

この課題は著者の体験からです。某予備校で教えていた頃，別の予備校からヘッドハントを受けました。約束の日にホテルのスイート（suite）に呼び出され，ジュラルミンケース（duralumin case）に入った fat bundles of cash を見せられました。

恩師にも相談し，考えた末，現ナマの「引力」には負けずに（エラい！），結局，研究職への道を選択しました。「もしあの時……」なんて，タラレバの話（shoulda woulda coulda）をしても仕方ないですね。

3 「空間的な意味」の out (2)

　このセクションでも **「中から外へ」** という基本義を元にした out の用法を学んで行きます。

　最初の課題文でも out が大活躍。早速，トレーニングに入りましょう。次の日本語を英訳してください。

> ① その歌手は弟の学費の**手助けをした**。
>
> ヒント 「学費」college tuition

　「手助けする」はもちろん help ですが，これに out を付け，さらに具体的な目的を with で示して **help out ~ with** とすると，課題の文意が表現できます。

　復習になりますが，out の基本義は「中から外へ」（*G6*）でしたね。pull out of の箇所でもふれたように（→ p. 17），out は建物など **「物理的なものの外へ」** 出るだけではなく，**「危険・困難などから外へ」** という **「抽象的なことの外へ」** 出る際にも用いることができます。

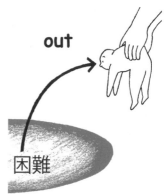

out

困難

22

課題文にある学費の支払いという「経済的負担の中から弟を外に出す」と考えれば，この**「(困難・危険などから) 脱して」**（*G6*）を表す out も使えることに納得が行くはずです。

　蛇足ながら，著者の家庭では2022年4月に大学生と大学院生だった息子たちがやっと社会に旅立ちました。これまでどんなにスネをかじられた（**sponged off**）ことか……（涙）。「困難からの out」が叶い，ホッとしています。

解答例❶ The singer **helped out** her brother **with** his college tuition.

　次は，絵画の手法にも関係する out です。訳してみましょう。

---

②丘の上に立つと，眼下に街が**周辺へと広がっている**ことがはっきりと確認できた。

　ヒント「眼下に」below us

　これはどうでしたか。はい，spread だけでも**「広がる」**（extend, enlarge）という意味は表せます。確かに spread と意味上の差異はありませんが，**「延びて，(外へ) 突き出て；広がって」**（*G6*）を意味する out を持ってきて **spread out** とすると，**「中心から外 [周辺] へと広がっていっている」**という**「拡大・拡張」**のイメージが強調されるのです。それはちょうど絵画の遠近法（perspective）のイメージと一緒です。

　*G6*にはこの用法の out と結び付く代表的な動詞があげられています（例：hold, reach, spread, stick, stretch など）。併せて例文チェックをしてください。

> 解答例② Standing up on the hill, we could clearly see the city **spreading out** below us.

　3つ目の課題文はゼミ生の就活相談でしばしば著者が使う定番です。英訳してください。

> ③ **考え抜いてから**決めなよ。
> ヒント 「決める」come to a decision

　「考え抜く」を think fully/completely のように訳すのはエラーではありませんが，個人的には辞書から取り出したような響きだと思います。ここはズバリ **think out** でしょう。この out は**「中から外へ」**から**「出つくす」**と発展し，そこから**「最後まで，すっかり；完全に，徹底的に」**（*G6*）という意味へと発展しました。生徒／学生には，残りが少なくなった歯磨きチューブを最後までギュッと出すあの感じだと教えてきました。

　この用法の out と組み合わされる動詞には do, fight, hear, live, think などがあり，out を付けることでそれぞれの動作に**「完了・徹底」**の意味合いを付加することができます（例：**Hear** me **out**. 最後まで聞きなさい）。

> 解答例③ **Think** this **out** before you come to a decision/conclusion.

　4番目は車のディーラーでよく見かける光景です。Quick

translation で！

> ④ （ニューモデル試乗のあと，ディーラーの人から）恐れ
> 入りますが，こちらのアンケート（質問票）にご記入を
> お願いできますか。
>
> ヒント 「アンケート」questionnaire

　ここはお馴染みの句動詞が使えます。そう，**fill out** です！
この out は課題③と同じく**「完了・徹底」**の意味を付加します。
アンケート項目のすべてに記入するのが，out がもたらすイメー
ジです（fill out するのは面倒くさい時もありますが……）。

　なお，fill out は主に米国で用いられ，英国の相当句動詞は fill
in というのがいわゆる「公式」。米国人が fill in と聞くと**「書類
の一部に記入する」**イメージを抱く人が多いと思います（例：
Please **fill in** the blanks. 空欄を埋めてください）。とはいえ，グ
ローバル時代の今，「fill out は米，fill in は英」などと明確な線
引きはできなくなったというのが正直なところです。時代の変化
はこんなところにも及んでいます。

> 解答例 ④ If you don't mind, would you **fill out** this question-
> naire, please?

　なお，「アンケート」はフランス語の enquête（英語の inquiry）
から日本語に入ってきた言葉です。意外にも太平洋戦争直後に実
施された「世論調査」を「アンケート」と呼んだことで，このア
ンケートという言葉がそのあと，カタカナとして日本語に定着し
たそうです。ちなみに英語の「調査」は survey で，「質問票／調
査票」が questionnaire です。

次は仲間内の informal な感じに訳してください。Give it a try!

---

⑤ 携帯の**電池が切れ**そうだ。バッテリーパック，持ってない？

ヒント 「電池」（口語）juice 「（予備の）バッテリーパック」extra battery

ポイントは「電池が切れる」です。expire は**「期限」**を意味しますので合いません（"When something such as a contract, deadline, or visa expires, it comes to an end or is no longer valid."—*CCALED*⁵）。「…が切れる」と言いたい時，重宝するのは **run out** ですね（"to use all of something and not have any left"—*MEDAL*²）。

これに口語で「バッテリー」を意味する **juice** （"the power in a battery"— *CALD*⁴）を用いると，「超普段着」に変身します！

この out は**「中から外へ→((主に米))（機械などが）機能しなくなって，止まって」**（*G6*）と発展した用法です。バッテリーが**「満タン状態（フルパワー）から空間的に離れて→尽きて」**というイメージで理解してください。of は言うまでもなく，なくなる対象を示します。

解答例 ⑤ My cell phone is **running out of** juice. Do you have an extra battery with you?

使い勝手の良い out には発展的用法がまだまだあります。次のセクションでもその他の用例を扱います。

「空間的な意味」の out (3)

「**中から外へ**」という基本義からの発展用法はまだまだ続きます。さらに掘り下げてみます。

太字箇所に注意して次の日本文を英訳してください。

> ① テロ事件が**突然起きた**時, 記者はたまたま現場に居合わせた。
>
> ヒント 「テロ事件」terrorist attack 「記者」reporter 「現場に」at the scene

「起きる」には happen, take place, さらに begin や start が使えます。でも戦争, テロ, 暴動, 火事, さらには COVID-19のようなパンデミックなど, <u>突発的に起きるもの</u>には何と言っても **break out** です（"If something dangerous or unpleasant breaks out, it suddenly starts"— *CALD*⁴)。break に out が付くことで「突発」の意味が強調されます。out には**「現れて」**と

いう基本義があります（*G6*）。これは**「何もないところから突然，何かが起きて外に現れる」**と言い換えることができ，俗に**「発生・出現の out」**と呼ばれます。break の他，bring, burst, come, flame（*G6*）などの**「起こる系動詞」**と結び付くのが特徴です。

解答例① When the terrorist attack **broke out**, the reporter happened to be at the scene.

課題①と似ているのが，次の例です。即訳してみましょう。

---

② 彼の新作の日本語版が早く**出版される**ことを期待します。

ヒント 「日本語版」Japanese edition

「出版する」は publish ですが，そればっかりでは芸がありません（笑）。「普段着」の発想では，ここは **come out** です。これは課題①と同じ**「現れる」**の意味の out が**「世の中に出る」**と転じた用法として理解してください。come out は出版物，曲，映画など，世に問うものと「親和性」（affinity）が高いようです（"if a book, record etc **comes out**, it becomes publicly available" ―*LDOCE*⁶）。

「出版」に関係する come out の用法には大きく2つの型があります。1つは課題文のように「世に問うもの」（出版物，曲，映画など）を主語に取る型で，もう1つが That singer is **coming out with** a new album. という「行為者」（この例では著作者）を主語にする型です。

解答例② I hope that a Japanese edition of his new book will

---

come out soon.

3つ目は著者にとっての「あるある」です。英語にどうぞ！

③ （友達から「何？」と言われて）あっ，ごめん。**ひとり ごとを言った**だけだよ。

「ひとりごと」を monologue のようにすると，あたかも辞書からそのまま引用したような感じになります。これは **think out loud** とすると，ひとりごと（talking to oneself）の意味をうまく表すことができます。このように**「頭の中で考えていたことを声にして出す」**のが think out なのです。ここでの out は上述の come out と同類の**「(結果・秘密などが) 公になって，発表されて，露見して」**という用法で（G6），**「公表・明示の out」**と呼ばれます。さらにこれに loud を加えることで**「(他の人に聞こえるような) 大声で」**のように公表の度合いが強調されます。

こうした out は come, speak, read, cry など**「表出の基本動詞」**と一緒に用いられ，**「中から外へ」**という空間的な意味での表出が強調されます。LGBTQ 運動（Lesbian, Gay, Bisexual, Transgender, Queer or Questioning）と共に人口に膾炙した「カミングアウト」（coming out, 公言すること）も同じ系統の表現です（例：She **came out** publicly yesterday. 彼女は昨日カミングアウトしました）。

解答例③ Oh, sorry. I was just **thinking out loud**.

食事中，こんなことはありませんか。即訳してみてください。

---

④（電話で母親に）ブラウスに付いたカレーの染みが**落ちないの**。どうしたら取れるのか教えて。

> ヒント⟩「ブラウス」blouse　「染み」stain　「取れる」get 〜 out

「落とす」は「付いたものを取り去る」の意味です。となれば，remove（a thing from something），rid，get rid of などを思いつきます。ただここでは発想を変え **come out** を用いてみます。

この out も基本義をベースに**「取り除いて，除外して」**（*G6*）などの意味合いを come に添加します。受験の世界では**「除去・分離の out」**と呼ばれているものです。

stain を主語にした無生物主語構文にこの句動詞を組み入れて，**「断固とした拒絶」**を表す won't との合わせ技で課題の意味が出せます。

解答例④ The curry stain on my blouse won't **come out**. Mom, can you tell me how I get it out?

このセクション最後の文です。Put it into English!

---

⑤この特集記事にぴったりの写真を**選んで**ください。

> ヒント⟩「特集記事」cover story　「〜にぴったりの」go well with 〜

「選ぶ」では choose の他，特に pick <u>up</u> を想い起こす人が多いと思いますが，この句動詞を「選ぶ」の意味で使うのは和製英語なので注意！（cf. pp.11-12）英語では **pick out** です。この out

は**「選び［取り，見つけ］出して，分けて」**という意味を動詞に付加します（*G6*）。*G6*には dig, find, look, make, pick, separate, sift, single などとこの out が用いられることが述べてあります。

　ポイントは**「グループから選び出す」**（"to choose, find, or recognize something or someone in a group"—*CALD*⁴）です。out の「中から外へ」という基本義がここでも生きています。

解答例 ⑤ Can you **pick out** a picture that goes well with this cover story?

　以上，out の大まかな用法はつかめたのではないかと期待します。基本動詞に空間的な動きを与える out で表現力を広げてください！

5 「分離」を表す off (1)

　ここからは off を含む句動詞に入ります。カタカナの「オフ」は例えばスイッチの「オン／オフ」，休みを表す「オフ」など日本語にも広く浸透しています。大本の英語の off にはどのような意味があり，基本動詞をどうサポートするのでしょうか。

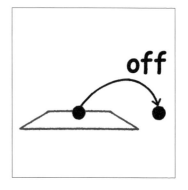

　まずは基本義にそった用法からです。いつものごとく太字箇所に注意して英訳してください。

---

① チャーリーは屋根から**転げ落ち**，あばら骨を数本折った。
　[ヒント] 「あばら骨」rib(s) 「折る」break

　「転げ落ちる」は **fall off** で表せますね。off の基本義はスイッチのオフと同じく**「接触した状態から離れて」**です（*G6*）。*LDOCE*[6] は "not on something, or removed from something" とシンプルに定義しています。

　課題の off は「屋根から離れる動作」を動詞 fall に付加します。

off は主に**「移動系」**の動詞と結び付き，**「空間的・時間的な分離」**を表す働きがあります。

蛇足ですが，off は，その形からうかがえるように，古英語時代（5c〜11c 後半あたり）に of の**強意表現**として分化した語です。英語を習い始めた頃，off と of は似ているなあと思ったことはありませんでしたか？

解答例① Charlie **fell off** the roof and broke several ribs.

次も基本義にそったもので，ある意味，「鉄板表現」です。

---

② H2B ロケットはあと30分で**打ち上げられます。**

ヒント 「H2B ロケット」H2B rocket

ロケットが打ち上げられることを表す最も一般的な単語は launch ですが，**「（ロケットが）地面から離れる」**という点に着目すると **lift off** が使えます。この off の基本義は課題①で見たように「接触状態から離れる」です。発射台（launch pad）からロケットが（空間的に）分離するのを強調します。

よく耳にする **go off, run off, take off** なども**「その場所から離れる」**ことを示し，さらに **fire off, blow off** などの off は**「煙や光などが出て」**，**「銃などから弾が発射されて」**というイメージを伝えます。

解答例② The H2B rocket will **lift off** in 30 minutes.

次は講義の「あるある」です。瞬訳してください。

③ 山田教授は講義でよく**脱線します**。でもだからこそ学生
は教授が好きなのです。

ヒント 「だからこそ」because of that / That's why ...

著者もよくやる「脱線する」
は，もちろん比喩表現です。1
語で言えば derail となりますが，
「普段着の英語」では **get off**
（the track）です。これは日本
語と同じ発想なので，説明は必
要ないですね。off は**「外れて，
取れて，落ちて，脱げて；降り
て；それて，去らせて」**（*G6*）
という**「分離」**する動きを動詞
に付加します。

get off そのものにも，get off the train/bus, etc.（電車／バスな
どを降りる）というよく耳にするものから，**get off easy**（軽い
罰で逃れる）などの比喩的な幅広い用法がありますので，*G6*を
「愛でながら」自分のものにしていってください。

解答例③ Professor Yamada often **gets off the track** in his
lecture but his students like him because of that.

4つ目の課題文に移ります。これも「あるある」でしょうか
（笑）。

④ 彼女は結婚式まで甘い物を**絶っている**。

> ヒント 「甘い物」sweets

　直感的には refrain from などのレベルの高い言い回しを想起しそうですが，ここは簡潔に **stay off** でこなせます。この off は**「休止・停止の off」**と呼ばれ，**「…を止めて，差し控えて；…が好きでなくなって」**という意味を動詞に付与します。stay off は "to avoid eating a particular food, avoid drinking a particular drink, or avoid using illegal drugs" (*MEDAL*²) と定義されますが，ポイントは**「(身体に悪い特定の) 飲食物などを摂取しない」**です。自戒の念を込めて……。

> 解答例 ④ She's **staying off** sweets until her wedding.

セクション最後の課題文です。サクッと英訳してください。

⑤ (就職の online 集団面接で) **まずは**お互いの自己紹介から**始めませんか**。

　「(動きを伴って) 始める」にピッタリの動詞は start ですね。これに off を付けると**「(ある場所から) 向こうへ；(…へ) 出発して，立ち去って」**という意味を動詞に与えることができます。なお，by 以下はその具体的な手段を表します。start と start off はどちらも上述のように動きを伴いますが，start off の方は課題文の集団面接のように「まずは……，次は……，最後は……」という**一連のステップ**が決まっている場合に用いられる傾向があり

ます。

蛇足ながら，飲食店での鉄板表現「とりあえずビールで」は，We'll **start off with** a beer. と言います。そういえば飲食にも一連のステップがあります（笑）。

解答例⑤ Let's **start off by** introducing ourselves to each other.

以上，off は動詞に「分離」の意味合いを付加する働きがあることを中心に述べてきました。後述の on と真反対になる働きですが，それは感覚的にもつかみやすいはずです。この後も off の働きをさらに追ってみましょう。

6 「分離」を表す off (2)

　off を含む句動詞には基本義から大きく離れた用法はさほど多くはないので，**「接触した状態から離れて」**（*G6*）という基本義に従えば使いこなせるようになるはずです。ただその分，**多義性**（polysemy）——同じ形の句動詞が複数の用法を持つこと——の場合もありますので，これには注意が必要です。

　課題①です。太字箇所に注意して英語に訳してみましょう。

> ① 孫娘が私のカツラを強く引っ張ったので**取れてしまった**。
> ┃ヒント┃「カツラ」wig

　クスっと笑っちゃいそうな場面です。「取れる，外れる」は様々に表現できますが，ここは **come off** を使います（**fall off** もほぼ同じ）。come off も「接触している状態からの分離」の基本義から生まれた**「分離・離脱・逸脱」**の用法の中にある**「離脱」**です。例えばカツラやボタンなどが**「外れる，取れる」**場合やペンキなどが**「はがれる」**場合などに用いられます。

　著者がこの句動詞を最初に耳にしたのは幼少期に米国人の友達のお母さんから "Yuji, your top button is coming off!" と言われた時だと記憶しています。着ていたシャツの一番上のボタンがダラーンと垂れ下がっていたんだと思います。「ああ，こんな風に

言うんだ」と，お母さんの優しいイントネーションと共に come off が記憶に刻まれました。off ではありませんが，今，思い返しますとズボンのチャックが空いている（Your fly is down/open.）よりも断然良かった！

なお，老婆心ながら，so ～ that の that は口頭では省略される傾向にあることは既習ですね（例：She got up so early **(that)** she was in time for the first train. 彼女は早起きしたので一番電車に間に合った）。

解答例① My granddaughter pulled my wig so strongly (that) it **came off**.

次はカジュアルに，つぶやく感じの英語にしてください。

---

② プレゼンは期待していたほどには**うまく行かなかった**。

ポイントは「うまく行く」，すなわち「成功する」です。もちろん succeed や make it でも表せますが，意外にも課題①と同じ **come off** でうまく行くのです。

この用法は "to happen as planned, or to succeed" を意味する informal なものです（*CALD*[4]）。**「ある状態になる」**という意味を持つ come に**「分離する→（予定通り）行く，実行する」**の off を付けると，**〈計画・試み・実験などが〉成功する，うまくいく**」という意味になるのです（*G6*は《略式》としています）。

「成功する」を表現したい時，succeed 一本槍ではなく，こういう「クールな句動詞」も意識してストックし，使いたいところです。

解答例❷ The presentation didn't quite **come off** as we had expected.

次は日本語の慣用表現です。さて，どう英語に「料理」しますか。

③ パーティーは7時とスケジュール帳に書いておいてね。
その日は6時過ぎには**仕事が上がる**予定だから。

ヒント「スケジュール帳に〜と書く」pencil 〜 in

「仕事が上がる」という口語表現の訳としては finish（the work）や leave（the office）あたりが思い浮かぶと思います。でも get off の後ろに work を持ってきて，**get off work** とすると，課題文にピッタリになります。英語では使用頻度が高いのに，日本人の頻度が低い句動詞のひとつがこの get off work です。off は**「無活動」の off**（*G6*）と称される用法で，get のほか，doze, drift, drop などの動詞としばしば一緒に用いられます。*G6*には I **dropped off to** sleep during the long speech.（その長いスピーチの途中で寝てしまった）という「あるある」の例文があります。get off work も文字通りに**「職場から離れる」**と発想するのです。

ちなみに「午後はオフだ！」

off

仕事

と用いるように，この用法の off は日本語でも広まっています。

> **解答例❸** Can you pencil the party in at 7:00? I'm **getting off work** a little after 6:00 that day.

なお，**pencil ～ in** は「**(会議，会見などの) 予定をスケジュール帳に記す→予定に入れる**」という意味の句動詞です（例：I'll **pencil** him **in for** Thursday, 11:00. 木曜日の11時に予定を入れておきます）。もっともスマホやタブレット全盛の今はタッチペン／スタイラス（stylus）を使う人が多いようなので，ひょっとしたら stylus ～ in（？）などという表現もそのうち出てくるかも……。

4番目の課題文です。有名な英会話教本の基本文を思い出す読者もいるかもしれません（笑）。英語にしてください。

> **④** ピアニストは前列の人々が騒いだことに腹を立て，途中でステージを**あとにした**。
>
> ヒント 「前列の」in the front row

walk off は「(歩いて) 立ち去る」ですが，これは "to leave a place because you are angry or unhappy about something" (*CALD*⁴) という意味でも用いられることがあるので，ここで使うことができります。

この用法の off は **brush off**（ブラシで払いのける，無視する。例：I just wanted to try to help her, but she **brushed** me **off**. 彼女を助けたいと思ったけれど，彼女からは無視された），**shrug off**（軽くあしらう，無視する。例：He was not able to **shrug** those objections **off**. 彼はそれらの反対意見を無視することができなかった）などの off と同類で「**分離→拒否，無視**」の意味を表します。

解答例 ④ The pianist **walked off** the stage because some people in the front row were noisy.

　最後の文は学生同士の会話から採りました。英訳してみましょう。

---

⑤ あのつまらない授業は**サボって**，映画に行こうぜ。

　「サボる」（もはや廃語？）は，フランス語由来ですが（sabotage，フランス語の原語は労働争議に関係した言葉で日本語の「サボる」とはズレあり），「サボる」に相当する英語は play truant, cut, skip あたりでしょう。

　この off は「**休止・停止**」（*G6*）の意味を動詞に与えます。ある基準から離れて休んじゃうわけです（上述の日本語「オフ」もこれです）。

解答例 ⑤ Let's **blow off** that boring class and go to the movies.

　著者が米国の大学院で教えていた頃に耳にしたのがこの句動詞でした（私のクラスではなかった！）。学生がほこりを吹くように講義を blow off というのは「やっちゃう感」が醸し出され，実に大学生らしい（？）言い回しです。コロナ禍で大学の授業の

多くが online になったこの数年間，blow off という表現がやけに懐かしくて仕方ありませんでした。

　以上，off を含む句動詞を扱いました。句動詞は出会った時にそのままにしておかないで，辞書でこまめに確認し，そして実際に使ってみることが，遠回りのようで実は一番の近道なのです。
　次の §7-9では off の反意語 on を扱います。

7 「接触」を表す on (1)

on が動詞に与える働きは広範囲に及びます。そんな働き者の on が句動詞に組み込まれると,「山椒は小粒でも……」のパワーを持ちます。ともかくもその基本義は**「…の上に,あるものの表面に接触して」**（*G6*）です。

まずは「基本のキ」から on に迫りましょう。次の文を太字箇所に注意して,英語に訳してください。

---

①女子高校生の中には電車の中で堂々と**メイクをする**人がいます。

ヒント 「電車の中で」on the train 「堂々と」openly

さて,いかがですか。「メイク（化粧）をする」では make up (v.),もしくは big word ですが apply あたりが思い浮かびます。でも**「(顔への) 接触→着用」**と考えると,服を着るのと同じく「メイクする」も **put on** で表すことができるのです（"to cover part of the body with clothes, shoes, make-up, or something simi-

lar"—*CALD*[4])。on は**「接触」**，**「着用」**，**「付着」** など多彩な動き
を動詞に与えますが，そのうちのひとつが**「着用」**です（*G6*）。

解答例① Some high school girls openly **put their makeup on** on the train.

次はどうでしょうか。英訳してください。

---

②彼はもう**自立して**もよい年頃だ。

はい，「自立する」には become independent のような堅い言
い方も可能ですが，**「自分の両足で立つ」**と発想すると，**stand on one's (own) feet** とも訳すことができます。**「…の上に」**の on
の説明は不要ですね。stand と一緒に両足で大地を踏ん張るイメ
ージが「自立」につながります。

stand on one's feet は著者の欧米での生活の中でも盛んに耳に
した表現で，特に親が子供へのしつけとして用いることが多かっ
たように記憶しています。「自分のことは自分で」という個人主
義（individualism）の基盤はそのように形成されるのだなと感
心したことがあります。

解答例② He is old enough to **stand on his own feet**.

文脈にもよりますが，この表現は**「甘えるな」**や**「親のすねを
かじるな」**などの日本的な言い回しにも応用できます。

課題③は口語表現です。英訳してください。

③ そんなことでめげちゃだめだよ。あれは僕に**まかせてお
きな。**

ヒント 「めげる」let 〜 worry you

「まかせる」では depend on, rely on, turn to などを思いつきま
す。どれも間違いではないのですが，課題文の主語（隠れていま
す）は困っているようなので，ここは **count on** が最適解でしょ
う（"to depend on someone or something, especially in a difficult
situation"—*LDOCE*⁶）。この on をおおまかに解説すると，**「自分
を数に入れる→よりどころになるのは，わたし（me）」**という
「根拠・依存」（*G6*）の意味が動詞に付加されていることがわか
ります。

得意の脱線です！ 「そんなことでめげちゃだめだよ。」という
箇所はあえて Don't let that worry you! としてみました。let 〜
v. は，すこぶる英語らしい表現です（例：I'll never **let** that **hap-
pen** again. 同じミスは二度と犯しません）。Let it be!

解答例③ Don't let that worry you! You can **count on** me for
that.

次は一見すると何でもないような表現ですが，学生の中には正
確に表現できない者がいました。挑戦してください。

④ 次のセールスキャンペーン，どちらのプランで行くか**決
めたかい**？

ヒント 「セールスキャンペーン」promotion campaign

「決める」はもちろん decide でバッチリです。decide の語源は**「切り（cide）離す（de）→けりをつける→決心する」**（G6）ですね。ここから**「どちらか一方を切り離すことで，どっちの立場に立つかを決定する」**となります。でも decide だけではまだ足りません。そこで登場するのが，課題③と同じ

用法の on です。これは**「根拠・依存→立脚点・立ち位置」**と発展してきたものです。on がないと「どちらのプランで行くか」は伝わりません。

解答例 ④ Which plan have you **decided on** for our next promotion campaign?

　最後は英国での個人体験からです。即訳してください。

---

⑤（道路上で）ダッシュボードの燃料警告ランプが**ついちゃった**。次のガソリンスタンドまで距離はどれくらい？

ヒント 「ダッシュボードの」on the dashboard 「燃料警告ランプ」fuel warning light 「ガソリンスタンド」gas station

---

　「点灯する」は「スイッチが入る」，つまり端子が基板に**「接触」**するから通電して on になるわけです（cf. off）。light を主語にするとこの文は **come on** で表現できます。

ちなみに**「人為的にスイッチを入れる」**のは **turn on** ですね。
いずれの on も**「作動の on」**と称されるものです。

解答例 ⑤ The fuel warning light on the dashboard has just **come on**. How far is the next gas station?

　課題文は2003年にロンドン大学（University College London）
の夏季英語音声学コース（Summer Course in English Phonetics,
SCEP）が終わったあとに社会人（英語教師）の受講者2名（高
校英語教師と社会人英語講師）と連れ立ってスコットランド
（Scotland）のハイランド（High Land）地方をドライブした時
の実話です。ハイランドの美しさに魅了されたドライブでしたが,
同行者には国際免許がなく,約1,200 km の全行程での運転は著
者のみでした。ずっとテンションが「作動の on」だったドライ
ブでもありました。

　次のセクションでも引き続いて on の探究を続けます。

8 「接触」を表す on (2)

このセクションでは「**線上接触の on**」を扱います。と言っても実際の線が見えるわけではなく，あくまで**抽象的な線**です。「接触」には物理的なものだけではなく，当然，**心理的な接触**もあるわけです。このように述べると小難しい用法のように思われるかもしれませんが，実は中学校あたりから皆さんもふれている用法です。

前振りが長くなりました。ともかくもいつものように課題文の英訳に入りましょう。

①とても興味深いお話です。どうぞ**続けて**ください。

「続ける」は単純に continue でも良いわけですが，go に on をくっ付けることで「**もっと**」という「**促し，呼びかけ**」の意味を添加することができます。

この on は「**[継続]（ある動作・状態を）続けて，ずっと，どんどん**」（cf. on and on, go on, keep）（*G6*）という意味を表すので「**継続・前進の on**」と呼ばれます。英語では動作が**見えない線の上をどんどん前進する**というイメージでとらえるのです。この on のお馴染み表現には Come on! / Run on! / Move on! などがあります。

解答例① That sounds pretty interesting. Please **go on**.

課題②はインフォーマルな感じで訳してみましょう。

②おふくろは**同じことを何度も繰り返して**，ホントいやに
なっちゃうよ。
ヒント 「いやになっちゃう」（口語）drive someone nuts

　はい，「何度も繰り返す」は keep ＋ 〜ing で表せます。これに
さらに**「継続・前進の on」**を持ってきて，**keep on ＋ 〜ing** とす
る と（"to continue doing something, or to do something many
times"—*LDOCE*[6]），keep の意味合いが強まり，文脈と言い方
（特にイントネーション）次第では**「しつこさ」**も表出できます。

解答例② My mom **keeps on** telling me the same thing and
that really drives me nuts.

　次の課題文です。この on も面白いですよ。英語に変換してく
ださい。

③上司は私たちの**プランを** 1 か月以上**放置したままだ**。

　「放置する，そのままにする」では ignore や abandon，「（時間
的な）先延ばし」というニュアンスだったら stall, delay，さらに
は big word ですが procrasticate などがあります。またフレーズ

をあげると leave 〜 unattended, let 〜 go などがあります。

これに加えたいのが，**sit on** です。sit に付く on は課題①と同じく，**「(ある動作・状態を) 続けて，ずっと，どんどん」**（*G6*）という用法です。そこからさらに**「すわり続ける→決められない→放置する」**という流れで使われるようになったものです。

関 連 し て **I'm still sitting on the fence.**（＝I cannot decide.）というフレーズも併せて語彙のストックへ入れておきましょう。Mother Goose の *Humpty Dumpty sat on a wall* という戯れ歌を思い出します。

戯れ歌に関連しての蛇足ですが，かつて「決められない政治」という言葉が広まったことがありました。これは英語の **on-the-fence politics** を訳したものと推測しますが，うまい表現だとは思いませんか。

解答例③ The boss has been **sitting on** our plan for over a month.

次の言い回しはどうでしょうか。Quick translation で！

---

④（何度も咳_{せき}をし，会話が中断したあとで）**風邪かなんかにかかった感じがする**の。

ヒント 「風邪かなんか」cold or something

「(風邪など) にかかり [をひき] そうになっている」は，「言えそうで言えないフレーズ」の典型でしょうか。実はこれ，句動詞 **come on** で処理できるのです。「病気になりかけている」というのは**「病気が接触して (on)，襲ってきている (come)」**と分

解できます。on は，病気が（人
に）**接触してきている**感じを伝
えます。

　ただし，come on は，主に風
邪などの**軽い流行性の病気**を対
象にするという点は留意してく
ださい（come on が COVID-19
のようなパンデミック関連で用
いられた用例は今のところ発見
できていません）。

on

風邪

解答例 ④ I can feel a cold or something **coming on** now.

　セクション最後の課題文はお馴染みの表現で行けるでしょう
か？

---

⑤ 新しい部長とは**うまくやれてる**？

　ヒント 「部長」manager

　ここは on のセクションですが，「…とうまくやれてる」では
多くの読者が **get along with** と訳されるでしょう。それで OK
ですが，留意点が 2 つあります。

　まず，**get along with** は主に米用法です。英国にいた頃は同じ
「（人間関係や仕事を）うまくこなす」という意味で，英国人が
get on with を用いるのをよく耳にしました。当初は on に違和感
があったものの，「along（…にそって）と同じなんだ」とわかり，
すっきりしたことがあります。見えない，抽象的な線がここにも

あるのです。

　留意点の2つ目は，get along with には**「相手に合わせて仲を保つ」**という含意があることです。その人のやり方にそって(along)，身を任せて流されるわけです。つまり，この句動詞には使用者（主語）サイドの**「努力，配慮」**があるのです。

解答例⑤ How are you **getting on/along** with your new manager?

---

　on を「小粒でも……」と呼びましたが，見えない線の上でもしっかりと基本動詞にくっ付いて働いていることが確認できたと思います。

9 「接触」を表す on (3)

「on 句動詞」の「面」と（抽象的な）「線」上での「運動性能」を確かめてきましたが，on の最終セクションでは動きのベクトルである**「到達の方向，影響」**といった渋めの用法を扱います。

まずは最初のチャレンジです。次を英訳してください。

---

① 見ろよ！　またあの連中がボビーを**いじめている**ぞ。
　　ヒント 「あの連中」those guys

「いじめる」は bully や tease，さらには相撲でいう「かわいがる」に相当する haze を思い浮かべます。「普段着の英語」の観点からはこれは pick on でしょう。pick は「拾う」が第一義ですが，pick worms のように「鳥などが（…を）つつく」という意味から発展した **pick on** という句動詞がここにはフィットします。on は**「…に向かって，…の方へ」**（*G6*）という用法があり，pick という行動の**「到達の方向」**を示します。

解答例① Look! Those guys are **picking on** Bobby again.

次も同様の用法です。即訳してください。

② （この件に関しては）彼に**掛け合って**，彼の決断が変わ
るかどうか確認してみるよ。

> ヒント 「…かどうか確認する」see if ...

「掛け合う」の箇所が考え処です。use your influence with
someone のように influence を用いることもできますが，これに
は「おエラいさんの響き」（？）があります。こんな時に役立つ
のが **work on** です。これは課題①の pick on と同じく，on 以下
に来る**「人，物に働きかける」**という動きを表します（"to exert
influence or use one's persuasive power on a person or their feel-
ings"—*OALD*[7]）。work と on だけで「掛け合う」という日本的
な言い回しもこなせるとは句動詞はスゴイ！

> 解答例 ② I'll **work on** him and see if I can change his mind.

次はインフォーマルな形で訳してください。

③ 昨日は徹夜をしてさあ，それが**こたえてきたよ**。

> ヒント 「徹夜をする」pull an all-nighter

「こたえる→影響する」と考えると，課題①と同じように af-
fect や influence，さらには have an effect などを思いつきます。
でも，ここの「（徹夜による）睡眠不足が身体に」ということを
考慮に入れると **tell on** ですね。

基本動詞 tell だけでは文字通り「…に告げる」ですが，別の語
義で**「作用する」**という用法があります。これに on をくっ付け

ると「**方向**」から踏みこんだ
「**影響，作用**」を意味する表現
になります（"to have a notice-
able effect on（someone or
something）"—*MWCD*¹¹）。

　横道にそれますが，tell on に
は「**告げ口をする，チクる**」（"to
give information about some-
one's bad behavior or secrets"
—*CALD*⁴）という意味もありま
す。ここにも同じ on がいますね。

解答例③ I pulled an all-nighter yesterday and it's starting to
tell on me.

次は再登場のあの句動詞です。Put it into English!

---

④（無医村に）新しく赴任してきた医師が**辞任し，みんな
困ってしまった。**

ヒント「新しく赴任してきた」newly appointed

　課題文には「辞任する」と「困る」という2つのポイントがあ
ります。それぞれ resign と put 〜 to trouble を持ってくれば表現
できます。しかし，out の項目でも取り上げた **walk out on** でも
2つのポイントを取りまとめて表現できることを学びました
（→ p. 20）。

　「辞任する」は **walk out** で訳出できます。「困る」は「**不利益**」

の on（*G6*）を用いることで，on 以下の目的語「人・物」がトラブルに陥ることを表せましたね（例：The woman hung up **on** me. その女性は一方的に電話を切った。/ He died **on** us.《主に米略式》私たちは彼に死なれた［先立たれた］。—いずれも *G6*）。ネイティブの間では使用頻度が高いのに，日本の EFL learners が使えないのはイカンと思い，再び取り上げました。

　著者が日英通訳法を学び始めた頃，日系人の師匠は，受講者が通訳者として適性があるかどうかを見極められる際に**「被害・不利益の on」**が使いこなせるかどうかを検査（acid test）として用いられていました。とてもきびしい師匠で著者も泣かされましたが，お陰様で「タテの物をヨコにする」通訳法の基礎が固められたと感謝しています。

解答例④ The newly appointed doctor **walked out on** us all.

念押しにもう 1 題（しつこいかな？）。瞬時に英訳しましょう。

---

⑤ シャワーを浴びていたら途中でお湯が**出なくなって大変な目にあった**。

「お湯が止まって，困る」という一連の動きは stop と be in trouble あたりで表せますが，ちょっとひねって「尽きる」を意味する **run out**（→ p.26）と課題④で扱った「被害・不利益の on」との組み合わせでコンパクトに処理できます。

　ちなみに課題文は30年くらい前にカナダのヴァンクーヴァー（Vancouver）で，学生のホームステイの付き添いとして滞在していた時の実話です。被害者は著者でした……。

The hot water suddenly **ran out on** me while I was taking a shower.

以上, 働き者の「on 句動詞」を用法別に概観しましたが, 小粒の on をうまく使いこなせるようになると, 英文もぜい肉が削ぎ落とされたコンパクトな形になるはずです。

次は on と同じように「山椒は小粒の働きをする」in を取り上げます。

10 「空間の魔術師」の in (1)

ここからは in を含む句動詞に移ります。in はご存じのごとく**「…の中に，あるものの中に位置する」**(*G6*) が基本義です。そこからこの in は**「物理的」，「時間的」，「抽象的」**(*G6*) などの広がりでの動作を表す動詞にくっ付き，こまめに働いてくれます。

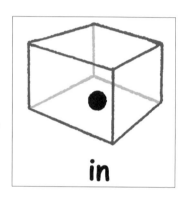

まずは最初の問題です。以下の和文を英訳してください。

---

① 最近では健康上の理由で**内食をする**人が増えている。

「内食をする」は eat at one's home と直訳できますが，**eat in** とすると簡潔に処理できます。in が「家」という物理的空間の中にある状態を eat に付加し，**「家の中で食べる→内食をする」**となる流れは先に紹介した eat out と同じです（→ p. 18）。

eat in は「イートイン」（名詞）として日本にも取り入れられていますが，新型コロナは，せっかく日本でも根付き始めた外食のスタイルにも打撃を与え，課題文のような状況になりました。

> **解答例①** More and more people prefer **eating in** instead of eating out for health reasons.

次はお馴染みの「到着」ですが，違う角度から訳してみませんか。

> **②** ピーターが乗ったロンドンからの便は定刻通りに関西国際空港**に到着した**。
>
> ヒント 「ピーターが乗ったロンドンからの便」Peter's plane from London　「関西国際空港」Kansai International Airport (Kix)（空港コード）

arrive at Kansai International Airport という「鉄板表現」が即座に浮かんだと思いますが，ここは口語で用いられる **get in** を用いてみます。get に続いて関西国際空港という**「物理的空間」**に入ってきたことを表す in との組み合わせです。get in する具体的な場所は to で示します（cf. pull out of → p. 17）。

シンプルな単語の組み合わせですが，学生に聞くと即座には出てこないようです。

　ちなみに「ピーターが乗った便」は Peter's plane のように所有格で表すことができます（例：<u>her</u> hotel, <u>our</u> bus）。

解答例② Peter's plane from London **got in to** Kansai International Airport（Kix）on time.

次は時間という見えざる「広がり」の例です。Put it into English.

③ やっとのことで薬が**効き始めた**よ。

「効く」には work を思いつく人が多いかもしれません。でも「効き始める」（start to have an effect）という**時間的な流れ**を含めたい時には **kick in** を用いるという手があるのです。

この in は**「始まって」**というニュアンスを動詞に加えます。**「機械が作動し始める」**や**「制裁などが効き始める」**などの状況に使うことができます。

解答例③ The medicine I took finally **kicked in**.

次はちょっぴり長い文ですが，Give it a try!

④ 最先端の警報システムを完備しているのに，泥棒がどうやって**侵入した**のかまったく見当がつきません。
ヒント 「最先端の警報システム」state-of-the-art security system 「まったく見当がつかない」haven't [don't have] the foggiest idea

ここのポイントは「侵入する」です。1語動詞では enter, invade, intrude などが浮かびますが,「普段着」的には in を使った **break in/into** で行けます。

　このタイプの in はそれ自体では**「…の中に」**を表すのみですが,**「運動・動作」**系の動詞とくっ付くことで「意味の色合い」が加味されます。in が break と合体することで,**「手荒い侵入行為」**（force entry）という意味が出るのです。予備校には覚えやすくするために**「壊しの in」**と呼ばれる先生がおられました（例：**smash in, hammer in**）。生徒が覚えやすいようにとの配慮でしょう。

解答例④ Since we have a state-of-the-art security system, I haven't [don't have] the foggiest idea how the thief **broke in**.

　最後は短いのですが，サクッとは行かないかもしれません。

> ⑤ このアイデアを**取り入れて**みたらどうでしょうか。

　とある論文の審査をネイティブと行った時の体験からです。著者は「取り入れる」という意味の箇所で，論文の本文にあった employ という語を incorporate に置き換えることを提案しました。しかし彼女は少し考えてから **work in**（織り込む）と朱を入れたのです。この work は add もしくは include の意味を表します（"to add one thing or idea to another, or include one thing or idea in another"—*MEDAL*[2]）。in は課題④と同様，**「外から入れる」**を意味します。昔のことなので文は忘れてしまいましたが，新たなアイデアを提案する文脈だったということだけはうっすら

覚えています。彼女のネイティブとしての直感にもとづく語彙選択（word choice）により，一本取られた形となりました（Ah, touché!）。

ちなみに，「〜したらどうでしょうか？」という提案には How about 〜? / Why don't we 〜? などよく知られている言い回しがあります。しかし案外知られていないのが Perhaps we should 〜 という型です。丁寧な依頼をシンプルに表す場合には文頭の Perhaps が効きます（→ G6）。

解答例⑤ Perhaps we should try to **work** this idea **in**.

以上のように in は動詞に「広がり」を与え，文に一種のリズムを醸し出してくれます。big word だけではこうは行きません。

次も「空間の魔術師 in」に考察を加えます。

11 「空間の魔術師」の in (2)

「in 句動詞」の第 2 弾です。前セクションでは**「…の中に」**という空間がつかみやすい課題文を取り上げました。ここからは少しずつ物理的にはとらえにくい空間で働く in へと移ります。

最初の課題文です。太字箇所に注意して英語にしてください。

---

①（社長がトップセールス社員の顕彰式で）彼女は我が社に新風を**吹き込んでくれました。**

「吹き込む」は「導入する」と言い換えが可能です。1 語で言うと introduce ですが，「普段着の英語」では**「中に運ぶ」**と考え，**bring in** で処理できます（breathe into というまんまの句動詞もあります）。

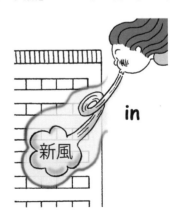

課題文は「新風を会社の中に吹き込む」ということですが，新風は実際には目でとらえられるものではないので，抽象的な発想になります。

なお，bring in には Now that I got a job, I'm expected to

bring in money. のように**「家にお金を入れる」**という意味もあります（cf. take out → p. 21）。「風」よりも「金」の方がうれしいという読者もおられることでしょう。

解答例① She has **brought in** a new air to our company.

次は若手社員の感想です。informal な感じで英訳してください。

---

②プレゼン中に CEO が口を**はさんできて**さあ，とても緊張したよ。
ヒント「緊張する」get nervous

社員の言葉遣いには目をつぶるとして，「口をはさむ」は interrupt で OK なのですが，これは formal な言葉。ここには **cut in** がハマります。まさに**「話に割って入る」**感じが醸し出されます。

この in は基本義から発展した**「邪魔をする in」**と称されます。課題文では自分のプレゼンという「広がり・空間」に CEO が入り込んで緊張度が高まったことがわかります。なお，cut in と同類の **butt in**, **jump in**, **put in** などにある in も同じ用法です。

解答例② I got very nervous when the CEO **cut in** during my presentation.

次はビジネスなどでよく用いられる表現です。

③（長期出張から帰社した部下に部長が）あっちで何が起きているかを**詳しく説明して**くれない？

ヒント 「何が起きているか」what's going on

　「詳しく説明する」は explain ならまだしも，expound on, expatiate on などは formal 過ぎます。「普段着」で重宝するのが fill in です。§3でもふれましたが（→ p. 25），fill in は多義で，例えば **Fill in** this form.（この用紙に記入してください）や Can you **fill in** for me this week?（今週，代わりを務めてくれない？）などの用法がありましたね。

　これらに加えたいのが**「fill＋人＋in」**という用法です。**「空白を埋める→（人に）詳細を伝える」**（"to provide someone with additional facts, details, etc. about ..."—*CCALED*⁵）という発想からのものです。なお，具体的な情報は on でつなぎます。

解答例 ③ Can you **fill** me **in on** what's going on there?

　次はプレゼンでよく耳にする表現です。くだけた感じで訳出しましょう。

④今日の講演は，まず（私の）授業のビデオを視聴するところから**始めたい**と思います。

　コロナ禍では，online を中心としたプレゼンが花盛りになりました。大学の講義でもプレゼン技術をおろそかにはできなくなったのはご存じの通りです。

「プレゼンを…で始める」には **begin by**, **start off with** などの定番表現がありますが，ここでは **lead in with** を使ってみましょう。lead という動詞の流動感（冒頭の l は **「流音の l」** と呼ばれます）と in が組み合わされたこの表現はプレゼンや新聞記事などの導入部にはピッタリ。

この in は，これから行うこと——それが一種の「広がり」となる——や本論への先導役の機能を果たしています。著者も授業や講演という「広がり」の最初にさりげなく使っています。

なお，新聞などの用語である派生名詞の **lead-in**「**（読者・聴衆の注意を引く）導入部，前置き**」もストックに加えておきましょう。

解答例④ In my lecture, I'd like to **lead in with** a video of my class.

セクション最後も「広がり」に関係する課題文です。

---

⑤ ポールのコンサートにはあらゆる階層のファンが**集まった**。

ヒント 「あらゆる階層のファン」 fans from every walk of life

「集まる」と聞くと，反射的に come together という句動詞を連想してしまいます（ビートルズ世代？ "Paul" who?）。ここでの「集まる」は「集客する」（attract）で言い換えられるので，この意味の **pull in** という句動詞を使ってみましょう。

pull in には他に「車を止める」，「駅に列車が入って来る」という意味もありますが，この in には**「（お金や人などを）集める」**

という意味もあります。コンサートが開かれる空間の中に人が集まるわけです。これは日本語からもイメージしやすいと思います。

　ちなみに「職業・身分」を意味する walk of life をもとにした **from every walk / all walks of life** は文学の香りがするイディオムですね。

解答例 ⑤ Paul's concert **pulled in** fans from every walk of life.

---

　in はイメージを刺激してくれます。私たちもイメージを膨らましてのぞまなければなりませんね。

　次もイメージと共にこの「in 句動詞」を追いかけてみます。

12 「空間の魔術師」の in (3)

　このセクションも抽象的な空間を表す in の用法に焦点をあてます。いつものように課題文の英訳から始めましょう。

---

①昨年，メキシコから戻ったばかりなのに，彼女は日本の
　新しい学校に**なんなく適応した**。

　これはかつて私立の中・高一貫校で教えていた時の実話です。キモの「適応する」には adapt や conform などが思い浮かびますが，双方とも big word です。

　ここは「ピッタリ感」を表す fit と**「調和」**を表す in を組み合わせた **fit in** を紹介します。こうすると**「なんなく適応する」**に近いニュアンスが出ます（"if something fits in with other things, it is similar to them or goes well with them"—*LDOCE*⁶）。

　なお，類似表現の **blend in** は**「周囲に目立たなくなるほど溶け込む」**という場合に用いられます（対義の句動詞は **stand out**）。

　解答例① Although she just came back from Mexico last year, she had no difficulty **fitting in** at her new school in Japan.

2つ目は時事的な課題文です。Give it a try!

---

②政府はテロリストたちの要求に**屈服する**ことはなかった。

ヒント 「テロリストたちの要求」terrorists' demands

「屈服する」と聞くと，無意識に surrender や succumb (to) が出て来る人は受験勉強の後遺症？（笑）「普段着の英語」ではズバリ **give in** です。この in は**「あきらめて」**というニュアンスを醸し出し，全体で**「(しばらく抗ったあとに最終的に相手の強さなどを認め) 抵抗をやめる」**という意味になります ("to finally agree to what someone wants, after refusing for a period of time" —*CALD*[4])。対象は to で表します。

蛇足ながら，同類の give up は**「難し過ぎて自分にはできないと放棄する」**("to stop trying to do something before you have finished, usually because it is too difficult"—*CALD*[4]) が そ の コ ア・ミーニングです。

英国に留学していた頃，ロンドン市内で一番のおもちゃ屋 (Hamleys, London) で，"Pretty please!"（ねえお願い！）と泣き叫ぶ子供におじいちゃんらしき人が困った様子で "Alright, you win!" と言って give in し，おもちゃを買ってあげていたシーンを想い出します。

解答例② The government never **gave in to** the terrorists' demands.

課題③はビジネス現場から。英語に変換してください。

③ あの会社の社員は，毎週平均10時間を残業に**費やしてい
る**らしいよ。

ヒント〉「残業」overtime

「費やす」はもちろん spend ですが，こうした場面で英語ネイ
ティブが用いるのが **put in** なのです。put in については cut in の
箇所でふれましたが（→ p. 64），ここでの put in は**「(残業とい
う) 労力を仕事という空間の中へ (in) 投入する (put)」**という
別の用法です（"to spend a particular amount of time doing some-
thing, or to make a particular amount of effort in order to do some-
thing"—*MEDAL*[2]）。

なかなか使いこなせないのですが，put in は natural English で
す。目的語（句）には**「具体的な時間」**（例：many hours, a lot
of time など）や**「労力・努力」**（例：a lot of effort など）がきま
す。

解答例③ They say that the workers in that company **put in**
an average of 10 hours of overtime every week.

今度は少し文学的な課題文を用意しました。がんばって英訳し
てください。

④ 深い悲しみに押しつぶされていたので，彼女にはその知
らせがほとんど**理解できなかった**。

ヒント〉「深い悲しみに押しつぶされる」be overwhelmed with deep grief

「理解する」は understand, get ですが，課題文は「事態が飲み込めない」と置き換えられるので **take in** を用いることができます。take in の 1 つの用法は "to completely understand the meaning or importance of something" (*OALD*[7]) で，**「飲み込む」**に相当します。日本語の発想と同様，この in には

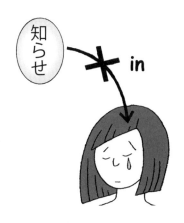

「(頭の中という空間へ) 取り込んで」という意味があるのです (cf. sink in)。

解答例④ She was so overwhelmed with deep grief (that) she could hardly **take in** the news.

最後は take in の別の用法です。Put it into English!

---

⑤ 年老いた夫婦は詐欺師のもっともらしい身の上話にまんまと**だまされて**しまった。

ヒント 「詐欺師」con man 「もっともらしい」convincing 「身の上話」life story

「だます」の英語では deceive が定番ですが，句動詞を用いるなら課題④とは違う用法の **take in** です。形としては **be taken in**（だまされる）という受動態での使用例数がコーパス上では圧倒的に高いようです。**「もっともらしい話の中に取り込まれる」**

（"to make somebody believe something that is not true"—*OALD*[7]）と考えるとつかみやすいと思います。

convincing life story の convincing（説得力のある）は課題文のような文脈では**「もっともらしい」**という意味になります（例：convincing liar うそがうまい人）。

> **解答例❺** An elderly couple was completely **taken in** by the con man's convincing life story.

さて，ここまで動詞の働きに「物理／抽象空間」の意味を付加する in の代表的な用法をみてきました。big word とは異なる躍動感のある句動詞をぜひ「心的辞書」に build in してください。

13 「動き」を与える down (1)

down を含む句動詞は，down が持つ "in the direction of the ground"（**「下方に，下方への運動・移動を表す」**—*G6*）という基本義が大本です（cf. up → §1）。

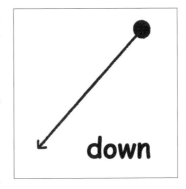

本書でこれまで取り上げてきた一連の副詞／前置詞と同じく，down も組み合わされる動詞の動きに色合いを加えます。ここでは**「下方に」**や**「遠近感」**などの働きを見てみます。

まず最初は，**「下方に」**という動きがはっきりとわかる文を用意しました。英訳してみましょう。

---

①（ジャングルジムのてっぺんにいる小さな子供に向かって）**降りてきなさい！　そこはすごく危ないから！**

「降りる」を 1 語で言うと descend ですが，ここでは堅い響きとなり，ここの文脈には不向きです。descend もその対義語（antonym）の ascend も big word です。課題の文脈を考えますと，

しっくりと来るのが **get down** です。get は **「移動」** を表し，down は **「下方に」**（*G6*）という方向を示します。

句動詞とは関係ありませんが，命令文や依頼文の文頭・文尾に now を用いると **「話者の強い気持ち」** が表出されることを押さえてください。さらに right を加えると **強調の度合い** はマックスになります（例：Do it **right now**! 今すぐしなさい！）。

解答例① **Get down** right now! It's pretty dangerous up there!

世の中にはプライドの高い人がいますよね。英訳してください。

---

② 彼女はキャリア以外の職員を**軽蔑する**ようなタイプの人間だ。

　ヒント「キャリア以外の職員」non-career-track officials

「軽蔑する」は despise と即答する学生が多いのはなぜ？　ラテン語「dē（down）＋speciō（look at）」を意味する despise は big word です。ここではラテンの意味合いを英語に言い換えた **look down on** を使いましょう。

look に **「（高い位置から）低い位置に」** という「移動」を表す down（*G6*）が付くことで，**「上から目線」** のニュアンスが生まれます。

蛇足ながら，対義語の「尊敬する」を respect と一対一対応的に訳すのは間違いのもとになることがあります。著者が通訳をやっていた頃，respect は要注意の言葉でした。解説は辞書に任せますが，日本語の「尊敬する」には儒教的な意味での上下関係が

入り込むことが多く，英語の respect（尊重する，一目置く）とは意味上のズレが生じることがあるのです。通訳で「尊敬する」に出会った際，代替えでよく用いたのが look down on の反対の look up to でした。

> **解答例②** She is the kind of person who always **looks down on** non-career-track officials.

今ひとつ「下方に，下方への運動・移動を表す」という基本義のイメージがわかる課題文です。即訳してください。

> **③** この薬を飲むと食べ物が**消化し**やすくなります。

「消化する＝digest」ですが，digest は見るからに big word。これを「普段着の英語」にすると使用頻度の高い **go down** が思い浮かびます。
この down は「**(食べ物・飲み物を)(すっかり)飲み込んで**」（G6）という意味を動詞に付加します。これは容易に理解できますね（ただ go down も

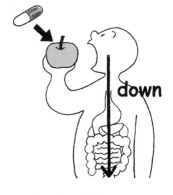

多義で，これ以外にもいろいろな用法あり。辞書でチェックを！）。なお，解答例は medicine を主語にして無生物構文にしてみました。
またまた蛇足ですが，「耳順＝60歳！」を大きく越えた著者は

ゼミ生とのコンパ（古き良き昭和ワード！）では **go down poorly**（うまく消化できない）というフレーズをよく使っていました。若者が好む，脂っこい物（fatty/greasy food）はもう食べられません！

解答例③ This medicine will help the food **go down** more easily.

課題の4番目です。良薬を服用する時には「あるある」では？英訳してください。

---

④ ジャニカは鼻をつまんで，その漢方薬を**一気に飲み干した**。

ヒント 「鼻をつまむ」pinch one's nose 「漢方薬」Chinese medicine

「一気に飲み干す」はそのまま drink，または swallow でも可ですが，課題③と同じ用法の down を加えると「**すばやく飲み込む**」という感じがはっきりと出せます。

drink down よりくだけた表現には **chug down / gulp down** という言い方もあります。chug も gulp も擬音語（onomatopoeia）で，どちらも「ごくごく」という感じがありますが，drink down と同じく，それらに down を加えると，まさに飲み干すイメージがビンビンに伝わります。

いずれにしても，すばやく飲み込むのは体にはよくありませんので，お互いに気をつけましょう。

解答例④ Janica pinched her nose and **drank down** the Chinese medicine.

　なお，pinch は「〈体の一部〉をつねる」が第一義ですが
（*G6*），「指などではさむ」という第二義の用法も，スマートフォ
ンの画面を親指と人差し指ではさむように画像を縮小したり
（**pinch in**），逆に拡大する（**pinch out**）のが当たり前になり（マ
ルチタッチと呼ぶそうですね），あっという間に（若い？）人々
が使うようになりました。

　最後は著者の愚痴（gripe）です。down を使って締めてくださ
い。

---

⑤ 数多くの仕事を抱えて，（心も体も）**つぶれそうだ。**

　ヒント 「数多くの仕事」so many tasks

　「重みでつぶれる」は collapse under my own weight では物理
的に crush してしまいます。collapse は心的なプレッシャーにも
応用できますが，句動詞では **weigh down** が最適です（"If you
are weighed down by something, it makes you extremely worried
or causes you great problems."―*CCALED*[5]）。

　weigh に down を加えると，「下の方へ引っ張られる」感じが
でます。もちろん，あくまで抽象的なものですが，押しつぶされ
るような精神状態を表す，言い得て妙な言い回しです。

　なお，weigh down は主に受身形で用いられ，対象は with 以
下に続けます。weighed の代わりに loaded を用いることもあり
ます。

　解答例 ⑤ I feel **weighed down** with so many tasks.

このように down は動詞に **「下落」** の動きを与えることが確認できました。次のセクションでも down が持つ機能をさらに掘り下げてみます。

14 「動き」を与える down（2）

　このセクションでも，down の基本義が動詞へどのような意味の色付けをするのかに着目しながら，「down 句動詞」に関する実践知を広げて行きます。

　まずは電話での確認に関する課題文です。英訳してみましょう。

> ① 26日の午後2時ちょうどですね。スケジュール帳に**書いておきます**。
>
> ヒント 「午後2時ちょうど」at 2:00 p.m. sharp 「スケジュール帳」schedule book

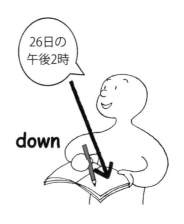

　「書く」という場合，直ちに思い浮かべるのは write です。でも，課題文をしっかりと読むとそれだけでは物足りない感じがします。細かいことですが，ここでは「おきます」が少し気になります。こんな時，役立つのが down です。

　「書く」という行為は通常**「下の方に」**記すわけですから，

write down とすると「書き留める」("to write something on a piece of paper"—*MEDAL*[2]) というニュアンスが表せるのです。

ちなみに「書き留める系」には，先に扱った **pencil ~ in**（→ p. 40）の他，**get down**, **put down**, **take down**, **note down** など結構な数の句動詞があります。

解答例① The meeting is at 2:00 p.m. sharp on 26, right? I'll **write** it **down** in my schedule book.

「書き留める」系をもうひとつ。

---

② （父が娘に）付箋紙に今から言う電話番号を**走り書きし**てくれないかい。

ヒント 「付箋紙」Post-it note

「走り書き」を write down とするのは，当たらずと言えども遠からず（not far off）。もちろん，make/take a note/memo という定番表現でも OK ですが，**「走り書き」**（scribble）なのでここは素早い感じを表したいところです。そんな場合，基本動詞ではないものの write を jot に変えて，**jot down**（手早くメモする）としてみると，うまく処理できます。

横道に入りますが，jot はギリシア語 9 番目の文字の iota を由来とし（英語の i），この文字は最小限のものだったので，そこから「ごくわずか」という意味が発展しました。それを動詞で用いると「短い内容を忘れないようにどこかにメモする」という意味になるのです（"If you jot something short such as an address somewhere, you write it down so that you will remember it." —

CCALED[5])

　横道の脇道で，**not a jot**（＝not at all）という表現も併せてど
うぞ！

　解答例② Can you **jot down** the phone number I'm telling
you on that Post-it note?

　次も down で決めてみましょう。即訳で！

---

　③ 彼らは全員で「英語特訓訓練」に**申し込んだ**。
　　　ヒント 「特訓訓練」boot camp / intensive training

　はい，「申し込みをする」というと register, apply for, sign up
for などが自動的に出てきますね。実はこれも課題①の類似表現
でふれた **put down** で表せます。**「自分の名前を書く→申し込み
をする」**という発想の流れからのものです。**「下方へ」**の down
が**「(紙・文書に) 書き留めて」**（*G6*）という意味を付与するの
はイメージしやすいと思います。

　ちなみに *G6* ではこの用法の down と結び付く動詞例として，
be, copy, enter, get, jot, lay, mark などが紹介されています。参加
や入会する具体的な相手先は for 以下に持ってきます。

　解答例③ They all **put down** their names for a "boot camp
for English".

　なお，put down は**「(人前で)〈人〉をばかにする」**，**「〈反乱・
暴動など〉を力ずくで止める」**，**「〈(病気・老齢の) 動物〉を (薬**

を使って）殺す」など多義の句動詞です（*G6*）（cf. do away with → p. 125）。

次もぜひ覚えておきたい用法です。後半がポイントです。英訳してください。

---

④ ハロルドは腕白坊主です。家庭でのしつけ**に原因がある**のではと考えています。

ヒント 「腕白坊主」unruly child　「家庭でのしつけ」upbringing at home

「A を B に帰す，…のせいにする」と聞くと，attribute / ascribe to を想起するのは受験英語に真面目に取り組んだ人。この難しい言い回しも課題③と同じ **put down** に to をくっ付けて処理できます（**set down** も同じ）。この down も**「…へと下る→帰す」**という意味を演出します。

ちなみに put down to は**「プラス／マイナス」**両面の意味合いで用いることが可能です（例：I **put** my success **down to** my parents. 私が成功したのは両親のおかげです / I **put** his bad manners **down to** his upbringing. 彼のマナーの悪さは育てられ方に原因があると思う）。

解答例 **④** Harold is an unruly child. I would say that can be **put down to** his upbringing at home.

最後はいじくって（twist up）います。英訳してください。

---

⑤ 制裁措置だけであの国を**真剣な話し合いをする**場に持ち

込むのは無理でしょう。

　「真剣な話し合いをする」の訳には talk seriously のように副詞の助けを借りる必要あり！と思うかもしれませんが，実は **sit down** で同じような意味合いが出せるのです。down には**「熱心に，本気で，腰を据えて」**という意味を動詞に付与する機能があります。ここでは sit に**「腰を落ち着けて／じっくりと…する」**という意味を加味する働きを担います。

　同じ意味の set phrase には **sit down and v.**（例：sit down and talk 腰を落ち着けてじっくりと話す）があります。併せてチェックしてください。

解答例 ⑤ I don't think sanctions alone will get that country to **sit down** in serious talks with us.

　以上，今回も down が動詞にいろいろな色付けをしていることが確認できたと思います。次も down のさらなる用法に考察を加えます。

15 「動き」を与える down (3)

downを含む句動詞の第3弾です。ここでは口語での頻度が高い表現に焦点を当てましょう。

まずはウォームアップです。サッと英訳してください。

---

① 首相は失業率を**下げる**ことに成功したと自慢げに語った。

ヒント 「失業率」unemployment rate 　「自慢げに語る」boast

「下げる」を表す動詞には reduce, decrease, lower, lessen などがありますが，「普段着の英語」では **bring down** です。**「ある方向へ動かす」**という意味の bring に**「[量・程度]減じて」**(G6) という意味を添える down を付けると，音声的にも「ダイナミック」な響きになり，「自慢げに」という課題文の意味にも合います。

解答例 ① The prime minister boasted that he was successful

84

in **bringing down** the unemployment rate.

次は工夫が少し必要になる課題文を持ってきました。即訳して
ください。

②彼女は忙しい1日の終わりに，熱い湯につかって**ゆった
りする**のが好きだ。

ヒント 「熱い湯につかって」in a hot bath

「ゆったりする」は relax で OK ですが，句動詞で勝負するな
ら **wind down** はどうでしょう（wind の発音は /wáɪnd/）。これ
は**「巻いたネジを緩める→くつろぐ，緊張を解く」**という発想か
らの句動詞です（"to rest and relax after a lot of hard work or ex-
citement"―*LDOCE*[6]）。このように「ハードな仕事のあとにくつ
ろぐ」というのがポイントです。今風の言葉では「テンションを
下げる」に相当するのでしょうか？　なお，野球やソフトボール
の投手が行う wind up は対義フレーズです。

「ゆったりする」に相当する口語としては，chillax という単語
が最近よく使われます。こちらは chill out（落ち着く）と relax
（休む）の複合語ですが，呼びかけのような感じで用いられます
（例：Chillax, Bob! まったりしなよ，ボブ！）。

解答例② She likes to **wind down** in a hot bath after a busy
day.

次の課題文では日本語を別の日本語に置き換えて，英訳してみ

てください。

---

③ 経営陣は SNS の売り上げへの影響を**見くびっていた**。

> ヒント〉「経営陣」management　「SNS の売り上げへの影響」the impact of SNS on one's sales

---

「和文和訳」（日→日）をすると，「見くびる」は「軽く見る」に置き換えることができます。「軽く見る」の訳には underestimate, belittle，さらには make light/little of などがありますが，ここは **play down** を使ってみます。英英辞典の定義に "to make something seem less important than or not as bad as it really is"（*CALD*[4]）とあるように，**「実際よりも大したことはないと見せて，たかをくくる」**というニュアンスが play down には含まれます。対義の **play up**（大げさに宣伝する，強調する，など）も併せて覚えておいてください。

解答例 ③ Management **played down** the impact of SNS（social networking services）on their sales.

4番目は著者にとっても他人ごとではない表現です。英訳してください。

---

④ （お代わりを勧められて）ありがとう，でもいいわ。今，**糖質制限中なの**。

> ヒント〉「糖質」carbs（carbohydrates 炭水化物の略）

「制限中である」が課題文のポイントになります。restrict,

86

limit などの訳が浮かびますが，この文脈では **cut down on** がぴったりです。cut down は文字通り**「切り落とす」**を意味し，on は具体的な対象を示します（"to eat or drink less of a particular thing, usually in order to improve your health"—*CALD*[4]）。この定義はダイエットに絞った形になっていますが，**cut down (on)** は広く，支出経費，消耗品，嗜好品などの減少にも用いられます。**cut back (on)** も同じです。

ちなみに **Thanks, but no thanks.** は相手の申し出をソフトに断る際の常套表現です。No thanks. だけだと，ぶっきらぼうに響く場合もあるので，Thanks を文頭に付けるのでしょうね。

解答例 ④ Thanks, but no thanks. I'm **cutting down on** carbs now.

最後は時事英語です。英語に通訳してください。

---

⑤ 協定は米国の撤退により**骨抜きにされた**。

ヒント 「協定」agreement 「撤退」withdrawal

「骨抜きにする」という比喩表現の登場です。日本語にとらわれ過ぎると，かえって訳せなくなります（無論，"unbone" と言っても通じません！），ここでも日本語の意味を別の日本語に置き換えてみる「和文和訳」が必要です。ここは**「水で薄める→やわらかくする→骨抜きにする」**と置き換えてみました。water の動詞と副詞の down を組み合わせた **water down** が文脈にはうまくハマります（"to make something weaker or less effective"—*CALD*[4]）。

解答例⑤ The agreement was **watered down** due to America's withdrawal.

　以上，down を用いると，痒いところに手が届くような感じで表現力が拡充することに気づきます。

　次のセクションでも，「down による色付け」を探究します。

16 「動き」を与える down (4)

「down 句動詞」を扱う最後のセクションは，使用頻度が高い
ものを選びました。

最初は日常生活の「あるある」からの課題文です。太字箇所に
注意して英訳してください。

---

① 僕のパソコンは必要な時にいつも調子が**おかしくなるん
だ**。

いわゆる Murphy's law ですね。**「おかしくなる→故障する」**
では (go) out of order を思い浮かべるかもしれません（受験勉
強で親密度が高い？）。しかし，ここは基本動詞の break に**「不
調の色」**の意味を与える down を用いた **break down** が適切で
す。この句動詞は**「車・機械などの故障，関係・交渉などの決
裂・破綻，体調の崩れ」**など様々な場面に使えます（G6）。

なお，上の out of order ですが，これは「順番がバラバラにな
る」ことを意味しますが，機械について言及する場合にはエレベ
ーターや自動改札機など，**公共性の高いものが正常に作用しなく
なった時**に用いられるのが第一義です。これが人について用いら
れる際には対象の人が**度を越えた行動をとる時**などに用いられま
す。

解答例① My computer always **breaks down** when I need it.

次もネイティブの使用頻度が高い表現です。Go for broke!

② あの（相撲部屋の）親方は簡単に**折れる**タイプではない。
　　ヒント〉「（相撲部屋の）親方」stable master

「折れる」が考えどころです。「和文和訳」をすると，これは
「譲る」と置き換えることができます。しかしながら訳語の with-
draw, concede や yield は高尚な響きがありますので，ここは
back down でしょう（"If you back down, you withdraw a claim,
demand, or commitment that you made earlier, because other
people are strongly opposed to it."—*CCALED*⁵）。

　定義にあるように back (v.) は文字通り**「引く，後退する」**
（withdraw）ですが，これに「下落，減少」の意味の down を組
み合わせると，back が強調され「折れる」ニュアンスを出すこ
とができます。

解答例② That stable master is not the kind of person who
easily **backs down**.

次の課題文は年末の風物詩（？）です。英語にしてみましょう。

③ 宴会の季節になり，警察は飲酒運転の**取り締まり**を始め
　　た。

　ここでは「取り締まりをする」がポイントです。基本語とは言えませんが，この際，**clamp down** / **crack down** を習得しましょう。それぞれ以下のように定義されます。

　clamp down: "to make a determined attempt to stop people doing something bad or illegal"（*MEDAL*²）

　crack down: "to start dealing with someone or something much more strictly"（*MEDAL*²）

　これからわかるように，crack down の方がより厳しい取り締まりを表します。解答例では後者を用いてみました。

　いずれにしてもこの用法の down は**「抑圧の down」**と呼ばれ，上から押さえ付けるような感じを動詞に与えます。共起する動詞も fight, force, hold, keep, put など**「力の行使」**に関係するものが多いようです（*G6*）。

　ちなみに飲酒運転（drunk driving）は **DWI**（Driving While Intoxicated）という略語も使われます。さらに飲酒のみならず違法薬物などを服用しての違反の方は **DUI**（Driving Under the Influence）です（例：He was arrested/nabbed for DWI/DUI. 彼は飲酒運転／飲酒および麻薬服用時の運転で捕まった）。

解答例❸ With the party season setting in, police started **cracking down on** drunk driving.

　4番目も会話調で英訳してください。Give it your best shot!

④ 僕の提案に対して，理事たちの**ウケはあまりよくなかっ
た**。

> ヒント 「理事たち」the board of directors（取締役，役員）

　日本語の「ウケが悪い」の訳としては be poorly received, be
not well received などが思い浮かびますが，実は以前出てきた
go down がここも使えます（→ p. 75）。

　この down は**「完全に」**（G6）のニュアンスを動詞に与えるこ
とは既述通り。ここは「食べ物」にあらず「提案」ですが，その
内容が**「(聞き手の) 心に落ちて行かなかった」**様子が表せます
（go down with で "to get a particular reaction from someone"—
*LDOCE*⁶）。このように「聞き手」は with でつなぎます。

> **解答例** ④ My proposal didn't **go down** well **with** the board
> of directors.

　セクション最後の課題文です。informal な感じにしてくださ
い。

⑤ あー，明日は月曜日なんだね。月曜日はいつも**気が滅入
っちゃう**よ。

　「気が滅入る」をどう表すかがポイントです。でも depress は
この文脈では重い感じになります。ここは課題①で用いた get
down の他動詞用法で**「下の方へ→心の落ち込み」**という比喩的
な意味の**「get ＋人＋ down」**を使ってみます。

この down は言うまでもな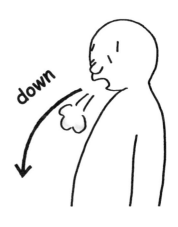
く，「〈人が〉（精神的に）落ち
込んだ」（*G6*）という心の「下
方への動き」を表します（"to
make someone feel sad or lose
hope"—*MEDAL*²)。

　熟年の方がこのフレーズで思
い出されるのは米国の兄妹デュ
オ の Carpenters の 歌（"Rainy
Days and Mondays"）ではない
でしょうか。

解答例 ⑤ Ah, tomorrow is another Monday. Mondays always
get me **down**.

　このように down は話者の心の襞をも表してくれるのです。英
語を読んでいて down に出くわしたら用法を確認して，表現力ア
ップに役立ててください。

17 「真上に広がる」over (1)

over を含む句動詞に進みます。over の基本義は「…の上に」です。これをベースに over は「『対象物の上に』という関係を表し，しばしば上から覆う感じを伴う」（*G6*）などの意味合いを動詞に付加します。

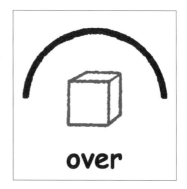

over

このセクションでは基本義に密接した用法から扱います。課題文をズバッと英訳してください！

---

①一言で言うと，協会はスキャンダルに蓋（ふた）をしたがっている。

ヒント 「一言で言うと」in a nutshell 「協会」association

「都合が悪いものに蓋をする」に関しては hide, conceal, camouflage あたりを思い浮かべましたか？　実は，お馴染みの paper という単語の動詞形を用いて **paper over** とすると，文意に近いものが表せます。

ここの over は「位置」（*G6*）を表し，「…を覆って→覆い隠す」

94

と発展したものです。この用法の over が paper と組み合わせられると，日本語の**「臭いものに蓋をする」**に近いニュアンスが出るのです（"to hide an unpleasant situation, especially a problem or disagreement, **in order to make people believe that it does not exist or is not serious**"—*CALD*[4]）（太字は著者）。

障子に空いた穴に paper over していた昭和を懐かしく思い出すのは著者だけではないはず。

解答例① In a nutshell, the association is trying to **paper over** the scandal.

次は日本人にはなかなか使えない用法です。英訳しましょう。

---

②一体何があったの。マジでおかしいよ。

ヒント 「マジでおかしい」act very strange

「一体何があったの」は What happened? / What's wrong? などで対応できます。このような「どうしたの系」の表現ストックに加えたいのが **come over** です。この「普段着」のポイントは**「突然，予期せずに普通ではない感情に包まれる」**です（"to be influenced suddenly and unexpectedly by a strange feeling"—*CALD*[4]）。

この over は**「（変化などが）〈人など〉に迫って，…を襲って」**（*G6*）を意味し，基本義の「…の上に」に直結するのでとらえやすいと思います。

「あおり運転」（tailgating）が社会問題になっていますが，ある新聞記事には，あおった側のドライバーを襲った感情が "a wave of anger **came over** the driver ..." と表現されていました。

解答例② What has **come over** you? You're acting very
strange.

　3つ目の課題文は残念ながら最近よく目にするようになったタイプの事故についてです。即訳を！

---

③その高齢ドライバーの車は車止めを**乗り越え**，店舗に突っ込んだ。

ヒント 「高齢ドライバー」elderly driver　「車止め」car block(s)　「店舗に突っ込む」crash into the shop

---

　中学校時代に受動態を覚えるのに The dog was run over by a
car. という「基本文」を学びませんでしたか（でも，なぜ犬？）。
課題文の「乗り越える」にはこの **run over** が応用できます。
　run over は**「人や物を車輌で轢く」**（"to hit someone or some-
thing with a vehicle and drive over them"—*MEDAL*²）です。
　over には**「[経路][動作を表す動詞と共に] …を越えて，渡って」**，**「[状態を表す動詞と共に] …の向こう側に（ある，いる）」**
（*G6*）という用法があります。課題文は車止め（一体型は car
block，分かれたものは car blocks）を**「乗り越える」**ので，
run over もしくは **drive over** で表現できます。

解答例③ The elderly driver's car **ran over** the car blocks
and crashed into the shop.

96

課題④もクルマ関連です。英語に変換してください！

---

④ 生まれて初めて高速道路で警官に**止められ**ちゃったよ。

「警官に止められた」は確かに the police stopped me ですが，ちょっと芸（？）がありません。ネイティブの普段着表現は **pull over** です（cf. pull up → p. 14）。

ここの over は**「越えて，渡って，向こう側へ」**という用法から**「わきに」**（toward the side of the road）という意味になり，pull と一緒になって**「道路のわきに寄せて停止する」**となります（"move to the side of or off the road"—*OALD*[7]）。

なお，課題文は「止められる」なので **get pulled over** とすると，（誰かから）停止させられた感じが出ます。

解答例 ④ I **got pulled over** (by the police) on the expressway for the first time in my life.

セクション最後の課題文です。Put it into English.

---

⑤ 大丈夫だよ。先週にはインフルから**回復した**よ。

「回復する」を「乗り越える」と「和文和訳」して overcome とする方法もありますが，もっと簡単に **get over** はどうでしょうか。この get over はイメージしやすい句動詞だと思います。**「越えて向こう側に行く」**から**「回復する」**，**「立ち直る」**と意味が発展しました。この over は予備校などでは**「克服・困難・通過の over」**と称され，**「〈病気・悪い状態など〉を乗り越えて，…を避**

けて，…が過ぎて（past）」(G6)
などの意味を動詞に付加します。

ちなみに get over で著者が
想い出すのは，なぜか「失恋の
ショックから立ち直る」という
用法です。失恋から立ち直るの
も，ショックの状態を越えて向
こう側に行くとするのは，実に
英語らしい発想です。over の目
的語には失恋の対象が来ます
（例：Mikuri's **gotten over** him. みくりは彼との失恋から立ち直
ったところです）。

解答例⑤ Don't worry, I **got over** the flu last week.

　次のセクションでも覆いかぶさる働きをする over の他の用法
を掘り下げます。

18 「真上に広がる」over (2)

　今回も動詞に真上に広がるような空間感覚を加味する「over句動詞」に考察を加えて行きます。

　まずは比較的知られた句動詞の確認です。太字箇所に注意して英語に直してください。

> ① 裁判官は被告人にすべての関係書類を**引き渡す**ように命じた。
>
> **ヒント** 「裁判官」judge　「被告人」defendant　「関係書類」related documents

「引き渡す」に相当する動詞には pass や submit などがありますが，課題文の文脈では，よく知られている **hand over** がハマります。

　この over も「越えて」からの派生で，動詞に**「(所有権・位置・忠誠心などが) 移って，渡して，譲って」**(G6) という意味を伝えます。

昔，トランシーバー（walkie-talkie）という簡易無線機がはやっていた頃（知っていますか？），自分のメッセージが終わり，通信相手に権限（？）を渡す時，意味もわからずに "Over." と言っていたことを思い出しました。

蛇足ですが，裁判での「証拠物件・書類」は exhibit と言います。

解答例❶ The judge ordered the defendant to **hand over** all (the) related documents.

次も「引き渡し」の課題文です。英語にしてみましょう。

---

②（仕事の引き継ぎで上司が）エミリーを紹介しよう。来月から彼女に君の仕事を**引き継いで**もらうことにするよ。

ヒント 「～を紹介しよう」（口語）Meet ～ 「～に…してもらう」have someone v.

通例，日本では年度末にはさまざまな職場で「引き継ぎ」式が行われます。「引き継ぎ」は名詞では transition ですが，動詞なら **take over** です。これは文字通り「職務，事業などを引き取る」で，向こう側で他の人がやっていたものをこちら側にとってやり始める」ということです（"to begin to do something that someone else was doing"—*MEDAL*[2]）。

上述の hand over もほぼ同じ意味で使えますが，前任者が主語になり（例：Mr. Igarashi's father **handed** the business **over to** his son. 五十嵐さんの父親は息子に事業を譲った），take over は引き継ぐ人が主語になることに注意してください（例：Mr. Igarashi **took over** the business **from** his father. 五十嵐さんは父親から事業を引き継いだ)。

解答例② Meet Emily. I'll have her **take over** your job starting next month.

次は米国のニュース記事からです。Put it into English.

---

③ ジェニーは心を**入れ替えて**麻薬との関係を断ち切った。
ヒント 「麻薬」drugs 「断ち切る」quit

「心を入れ替える」が考えどころです。よく知られている change one's mind は "to alter one's decision or opinion" (*CCALED*[5]) なので，文脈には合いません（mind を attitude にするという手はあります）。他に考えられるのは make/get a fresh start, mend one's attitudes あたりでしょうか。

ここではひねって **turn over** a new leaf を使ってみます。これは turn the pages（ページをめくる）から発展したイディオムです（"to make a new start after a period of difficulties"— *CCALED*[5]）。

この over は基本義からのイメージ通り，**「ひっくり返して；折って，折り返して」**（*G6*）を意味します。蛇足ながら leaf は「人生のページ」を意味する比喩で，文学的な響きになります。

解答例③ Jenny **turned over a new leaf** and quit taking drugs.

次は子供が小さかった頃の我が家の一場面です（笑）。即訳してください。

---

④子供たちが夕食を済ませたあとで，私には何も**残っていなかった**。

「残っていなかった」は直訳すると nothing remained ですが，「残す，余す」を意味する **leave over** を受動態で用いると「普段着」になります。

この over が動詞にもたらす意味合いは簡単に想像できると思いますが，*G6*の**「あまって，残って」**という定義を念のためにあげておきます。

ちなみに名詞に転化した leftovers（left-overs とも綴る）は「調理された余った食べ物」だけのイメージが強いようですが，それだけではなく**「加工された材料などの切れ端，残存物」**も指します（"an unused portion or remnant, as of material or cooked food" —*CCALED*[5]）。

解答例 ④ After my kids had dinner, there was nothing **left over** for me.

セクション最後は学会の一場面からです。

---

⑤（司会者が）時間となりましたので，残りの議題は次回の役員会に**持ち越し**になります。

ヒント 「残りの議題」 remaining issues 「役員会」 board meeting

「持ち越す」の箇所で，postpone や defer が思い浮かばなくても大丈夫。これらは big word です。

　句動詞ではお馴染みの **put off**（"to put off［an action or event］to a later time"—*OALD*[7]）がありますが，ここでは司会者になったつもりで **hold over**（"to do something or deal with something at a later time or date"—*MEDAL*[2]），もしくは宝くじでお馴染みの **carry over**（"to take something that you earn or are given in one year or period of time into the next one"—*MEDAL*[2]）を用いてみました。いずれのケースも over は**「ある期間を越えて」**という意味を表します。

　このように over は物理的なものだけに限らず，**「（期間など）時間的広がりの真上」**を表す場合にも機能するのです。日本語の「持ち越し」と合致するので覚えやすいと思います。

解答例⑤ With time running out, the remaining issues will be **held/carried over to** the next board meeting.

---

19 「真上に広がる」over (3)

このセクションでは over のさらなる**「立体的な働き」**に着目します。

まずは太字箇所に注意して，英語に即訳してください。

---

①（ホームパーティーに友人を招いて）フランク，パーティーに**来てくれて**，いつもながらうれしいよ。何か飲み物はどうだい？

「来てくれる」は come で表せますが，ここは日本人の使用頻度が少ない**「have ＋人＋over」**（人を家に招く）を用いてみます。これはホームパーティーや催し物などに人を招待して来てもらう時の定番表現です（"if you have someone over, they come to your house for a meal, drink etc because you have invited them" —*LDOCE*⁶）。

over は**「ある距離・時間的空間を越えて」**という用法から派生したもので**「わざわざ来ていただき」**というニュアンスを含みます。

なお，for を使うと招待の具体的な内容を表すことができます（例：I'll **have** her **over for** dinner. 彼女を夕食に招待するつもりだ）。

解答例 ① It's always a pleasure to **have** you **over**, Frank. Can I get you something to drink?

次はネイティブの間で使用頻度が高い句動詞を用います。英語に！

② （スタジオでディレクターが）すみません，先生，最初から**やり直して**いただけますか？

これは語学番組の講師をしていた頃，鬼ディレクターからよく出された「指示」です。「やり直す」は repeat や do it again ですが，今回は **do over** という表現を用いてみます。

do over は "to do something again from the beginning, **especially because you did it badly the first time**." (*CALD*[4]) という太字（著者）の定義がポイントです。

この over は **「繰り返し」** を表します。画家が何度も何度もペイントを繰り返し，最終的に自分の狙った色で絵を完成させるイメージで押さえてください。

蛇足ながら，ジョン・レノン（John Lennon）の名曲 "(Just Like) Starting Over" の over も同じ用法です。

解答例 ② Excuse me, professor. Could you **do** it **over** (again)?

次の課題も，同じく放送番組の制作現場からのネタです。Give it a try!

③ 新人アナウンサーはディレクターのアドバイスを何度も
頭の中で**熟考し**，なまりを直そうと努めた。

> ヒント 「新人アナウンサー」rookie announcer 「なまりを直す」improve
> one's (regional) accent

「熟考する」を直訳すると ponder ですが，句動詞では **turn over** があります。さらに異色かもしれませんが，**chew over** でも表現できます。この over は課題②と同じく**「(アドバイスを)心の中で何度も繰り返す」**という意味合いを付加します。

なお，下の訳例で使っている tips は「実践で役立つアドバイス」(useful piece of advice) という意味です。

> 解答例 ③ The rookie announcer **turned over** the director's
> tips in her head and tried to improve her accent.

次は著者の業界（？）の「あるある」です。Translate it into English!

④ この原稿にじっくりと**目を通して**もらえませんか？

> ヒント 「原稿」manuscript

「目を通す」は「和文和訳」の発想から examine でこなせますが，句動詞なら **go over** です（"to search or examine something very carefully"—*LDOCE*⁶）。over には**「始めから終わりまで，すっかり，完全に」**（*G6*）という用法があります。イメージとしては**「覆うように→どの部分も徹底にカバーするように→すっか**

106

り，完全に」というように発展したものです。

　関連して **run one's eyes over/along** というフレーズは**「走り読みをする」**（"to glance at hurriedly"—*CCALED*⁵) 場合に用いられます。

over

原稿

　ちなみに，依頼をする際，文頭に **Do you think** を添えると相手の意向を優先する形式となり，丁寧な依頼表現になります（例：Do you think you can spare some time for me? お時間を少しいただけますでしょうか）。

解答例④ Do you think you can **go over** this manuscript?

　最後の課題文です。じっくりと考えて英訳してください。

---

⑤ この件については妹と**じっくりと話す**必要があると考えています。

　「じっくりと話す」は，sit down and talk で処理できますが（→ p. 83），ここはバリエーションとして **talk over** を覚えておきましょう（"If you talk something over, you discuss it thoroughly and honestly."—*CCALED*⁵)。over は課題④の**「すっかり，完全に」**という意味ですが，honestly というニュアンスが含まれることはチェックしておきましょう。

　余計かもしれませんが，Let's talk over coffee.（コーヒーを飲

みながら話しましょう。）という鉄板文にある over とは用法が違うので注意してください。こちらは**「…し［飲み，食べ］ながら」**という**「従事の over」**です（*G6*）（例：Let's **talk** about it **over** drinks. その件については飲みながら話をしましょう）。

> **解答例⑤** I think I need to **talk** this matter **over** with my sister.

　以上，over は「離れて上に」という垂直な関係を表し，その基本義から派生した用法が実に様々な働きを動詞に与えてくれることがつかめたと期待します。

20 「起点からの移動」の away (1)

このセクションからは，away を含む句動詞に入ります。away はその形から想像できるように**「道（way）から離れて（a）→ 途中で」**が原義で（G6），**「ある位置・時間から離れて」**が基本義です。

away の用法も複数ありますが，最初は基本の「離れて」を中心とする課題文を取り上げます。太字箇所に注意して，Give it your best!

---

①大統領は銃規制に関する以前の発言を**取り下げた。**

ヒント 「銃規制」gun control 「以前の発言」earlier remark

ポイントの「取り下げる」の訳には withdraw や drop などが考えられますが，和文和訳のフィルターを通して，句動詞で考えると，**back away**（あとずさりする）です。**「あとずさり→取り下げる」**と発想したものです。

この away は**「移動」を表す動詞と共起し，「人・物がある場所から離れる」**という「移動」を back に加える働きがあります。ここは from でつなぎ，大統領が以前の強硬な態度から後退した感じを表しました。

> **解答例 ①** The president **backed away from** his earlier re-
> mark on gun control.

米国で立て続けに起きた銃乱射事件（shooting spree）には心
が痛みます。小学校の頃，友達が家の中で本物の銃（弾は無装填）
を面白半分で握らせてくれたことがあります。幼い時期から銃が
手に届くところにある社会での銃規制は大きな社会変革を意味し
ます。

次は誰もが一度は経験したことがあるのではないでしょうか。
即訳してください。

> **②**（犬に向かって）シッシッ！　**あっちにお行き！**
> ヒント 「シッシッ」shoo

「あっちにお行き」でscat（歌の方ではないですよ！）を思い
浮かべる人は英語学習の上級者です。しかし「普段着の英語」で
はズバリ **go away** です（**get**
away も OK）。手のひらで追っ
払うようなジェスチャーと共に
用いられます。

この away は課題①の用法と
同じく移動を表し，**「人・物を**
ある場所から離す，追いやる」
という意味を動詞に付加します。

ちなみに go away と聞くと，
著者は犬ではなく，"Rain rain

110

go away, Come again another day" で始まるマザー・グース
（Mother Goose）の歌を連想します。

解答例② Shoo! **Go away**!

　次は根拠のないうわさから起きる被害を伝える時事文です。英
訳してください。

---

③ 風評被害のため，あの温泉地からは**客足が遠のいた**。

ヒント 「風評被害」harmful rumors/reputations　「温泉地」spa resort

　「遠のく」は attract very few customers / lose customers などで
訳せますが，より動きのあるニュアンスのある **drive away** を用
います。

　動詞 drive は "to force someone or something to go somewhere
or do something"（*CALD*[4]）と定義され，force を中心とした動
きを感じます。これに away を付けて drive away（"to drive peo-
ple away means to **make them want to go away or stay away**"
—*CCALED*[5]）とすると，太字（著者）のように強制力のある
「(心理的に) 移動する，離れる」という感じが出せます。

解答例③ Harmful rumors **drove away** customers from that
spa resort.

　次は長めですが，起点からの移動がよくわかる課題文です。

④ ダロウェイ夫人は余命わずかだと告げられたあと，これ
まで集めてきたビスクドールのコレクションを**手放しま
した**。

> ヒント 「ダロウェイ夫人」Mrs. Dalloway（cf. Virginia Wolf の小説）「余
> 命わずかだ」do not have much time left 「ビスクドールのコレクション」
> bisque doll collection

dispose, relinquish, release などの big word を「手放す」の訳
に持って来ると，文全体が堅くなります。ここは **give away** で
決めましょう。**「譲る，手放す，贈る」**などを意味する give
away のポイントは**「不要なものを与える」**です（"to provide
someone with **something that you no longer want or need**"—
MEDAL[2]）（太字は著者）。ここでは**「離脱・消失・除去」**（*G6*）
の意味を away が担っています。

解答例 ④ Mrs. Dalloway **gave away** all of her bisque doll
collection when she was told that she did not have much
time left.

次は刑事ドラマの「あるある」です。英訳にチャレンジを！

---

⑤（刑事が容疑者に）**言い逃れは通用しないぞ**。吐いて楽
になれよ！

> ヒント 「吐いて楽になる」get it off one's chest and feel better

はい，これは刑事ドラマなどで聞くよくセリフです。「言い逃

れをする」には evade, equivocate などの big word を思いつきますが，「普段着」では **get away** です。

get away は課題②の**「あっちに行く」**の他，**「逃げる」**，**「離れる」**，**「旅行に出る」**など多義の用法を持つ句動詞です。訳例では get away を動名詞形にして**「まったく逃げられない→言い逃れはできない」**という鉄板表現にしてみます。丸ごと覚えてください。

蛇足ですが，中高年の読者の中には1972年のハリウッド映画 *The Getaway* を思い出された人もいるでしょう。懐かしい！

解答例⑤ **There's no getting away from it.** Get it off your chest and feel better!

基本義にそった用法はまだまだあります。次のセクションでも扱います。

　「away 句動詞」の２回目です。ここでも「離れて［た］」（*G6*）という基本義がよく分かる課題文をこなして行きます。

　早速，いつものように即訳で，のぞんでください。

---

①　大きな氷の塊が巨大な氷河から**分離する**のを目撃した。

　　ヒント 「大きな氷の塊」chunks of ice 「巨大な氷河」huge glacier

　「分離する」は separate（from）ですが，「普段着の英語」なら **break away** です。氷の塊が大きな氷河から離れる様子が away で表現できます。

　break away の away は「<ruby>剥離<rt>はくり</rt></ruby>，離脱」を意味し，通例 from を伴って自然現象の他，組織や団体などからの「離脱」，「離反」（"to leave a group or political party and form another group, usually because of a disagreement"—*LDOCE*⁶）など，さらには**「悪習慣，因習などを断ち切る」**場合にも用いられます

114

（例：**break away from** a bad habit 悪癖を断ち切る）。

> **解答例①** I witnessed chunks of ice **breaking away from** a huge glacier.

次の課題文も away で表せます。英訳してください。

> ②その政治家の支持者たちはスキャンダル発覚後，次第に **離れていった**。
>
> ┤ヒント├ 「スキャンダル発覚後」after the scandal

「離れて行く」の内容を踏まえると become less supportive あたりになります。これはもちろん **「(人を) 支持しなくなる」** という意味です。人（心），支持者，ファンなどが離れて行く様を句動詞で表すなら，それは **fall away** です。

この away は上の課題①と同じ **「離脱」** の用法ですが，ここでは fall そのものの感覚が私たちにはつかみにくいかもしれません。人心が離れるのを英語では **「(心／支持が) ストンと落ちてしまう」** と発想するわけです。

いずれにせよ fall away 全体で **「何かにくっ付いていたものが離れる」** ("If parts of something **fall away**, they break off and drop to the ground"—*CALD*[4])（太字は著者）が元々の意味で，それが物に限らず，人心にも応用されるようになったものです。

> **解答例②** The politician's supporters gradually started **falling away** after the scandal.

次は算数です。子供たちに話す感じで即訳してください。

---

③（子供に）20個のリンゴから5個**引く**といくつ残るかな？

「引く」を動詞で言うと，subtract や minus ですが，小学校低学年には big word です。ここは **take away** で処理します。これは**「人・物などから引き離す→引く」**という発想です。away は容易にイメージできるように**「除去」**の意味を表します。

解答例 ③ If you **take away** five apples from 20, how many are left?

次も「子供たちシリーズ」です（笑）。

---

④（子供たちに）夕食よ！　おもちゃを**片付けて**手を洗いなさい。

「片付ける」は状況・場面に応じて訳を変えなければなりません。「掃除する」という意味なら clean up （→ p. 13），「整頓する」なら organize や tidy up などがあります。

課題文を**「片付ける→目の前のおもちゃを（離れた）適切な場所・おもちゃ箱へ置く」**と考えると，**put away** が使えます。put away については "to put something in the place where you usually keep it when you are not using it"（*MEDAL*²）と，英英の定義が，よりクリアーなイメージを与えてくれます。

ちなみに，「強い命令」を表す強意の now （→ p. 74）も再確認を！

> **解答例 ④** Dinner's ready! **Put away** your toys and wash your hands now.

セクション最後の課題文です。英訳してください。

> **⑤** がれきの中からの声は次第にか細くなり，とうとう**消えてしまった**。
>
> **ヒント** 「がれき」debris 「か細くなる」grow fainter

悲しい内容の課題文ですが，「消える」には decline や disappear が思い浮かびます。でも「普段着」にこだわれば，ここは **die away** です。*MEDAL*²は "to become quieter or weaker and finally stop" と説明しています。away は **「消失」**（*G6*）を表し，**「音・風・霧などが次第に消える，なくなる」**という文脈で用いられます。

> **解答例 ⑤** The voice coming from the debris grew fainter and eventually **died away**.

22 「起点からの移動」の away（3）

awayを含む句動詞の3回目です。このセクションでも「awayの発展系」を押さえます。

まずは人が避けることのできない人生の現実（a fact of life）に関する表現からです。太字箇所に注意して英訳してみましょう。

①彼女は父親が**亡くなった**時，海外にいた。

「亡くなる」は確かに die ですが，これは直接的な響きがありますので，普段は避けた方がベター。ここは **pass away** ですね。この away は「**離れる**」から「**消えて，亡くなって**」という意味を添加します。

英語には，相手に不快感を与えるような表現は極力避ける伝統があって，特に死，病気などを表現する際には「**婉曲表現**」（circumlocution, euphemism）を用います（"used to avoid saying die when you think this might upset someone" — *MEDAL*²)。

away

解答例① She was out of the country when her father **passed away**.

次は日本語の慣用表現の英訳です。Give it a try!

② 私の考えを受け入れるように説得したが，彼女はにべもなく**一蹴した**。

ヒント「～するように説得する」talk someone into ～ing 「にべもなく」coldly

「一蹴する」は dismiss, reject などで訳出できますが，「一蹴する」という言葉にある「素早く，強い」ニュアンスを伝えるには，基本動詞ではないものの，**brush away**（**brush off** / **brush aside** も可）がピッタリ。

これは「ブラシで払いのける」という brush away の基本義から発展した用法で，対象はほこりだけではなく**「批判・意見，いやな人などを払いのける→無視する」**という意味で用いられます。名詞としては brush-off がかなりの頻度で用いられます（例：When I called her, she **gave** me **the brush-off**. 彼女に電話をしたが，けんもほろろな扱いをされた）。人間関係はどこも大変！

解答例② I tried to talk her into accepting my idea, but she coldly **brushed** it **away**.

次はニュースからの課題文です。英語にしてください。

③ 強盗団は銀座の宝石店を狙い，宝石類を多数**かっさらって行った**。

ヒント 「強盗団」burglars 「宝石店」jewelry shop

「かっさらって行く」をそのまま訳すと，steal and run です。でも **make away with** という日本人には使用頻度の低い句動詞もここでは使えます（"To steal something and take it away with you"—*LDOCE*⁶）。「逃げる」（escape）を **make away** で置き換えられるということ自体，イメージしにくいので無理もありませんが，日本語の「持ち逃げをする」という口語表現に置き換えると納得でしょうか。この away は **get away**（→ p. 110）と同じく**「去って，遠くへ」**(*G6*) を表し，「（強奪）物」は with 以下に続けます。

解答例 ③ The burglars targeted a jewelry shop in Ginza and **made away with** a lot of jewelry.

さて次は日本語の慣用表現ですが，これは著者の日常です。

④ 教授は辞書の仕上げに**打ち込んでいる**。

ヒント 「〜の仕上げに」adding the final touches to 〜

「打ち込む」と聞くと，反射的に concentrate on や devote one-self to が思い浮かぶかもしれませんが，ここは **work away** を使いましょう。

away には実は**「[行動の連続を表して]（間断なく）どんどん**

（**人目もはばからず），せっせと，たえず**」（G6）という「**継続・反復**」の用法があるのです。すぐには納得できないかもしれませんが，「**起点から離れ，ずっとその行動を熱心に続ける**」と考えると把握しやすいかもしれません。

解答例④ The professor is **working away at** adding the final touches to his [the] dictionary.

なお，この用法は進行形で用いられることが多く，目的・対象は at でつなぎます。句動詞ではありませんが，著者には最近はやりのフレーズ **in the zone**（周りが見えないほど集中している，cf. DAZN）と同じイメージがわきます。

さてセクションのラストです。英訳しましょう。

---

⑤ 女子たちは時間も忘れて**ひたすら話し**続けた。

> **ヒント** 「時間も忘れて」without noticing the time

「ひたすら話し続ける」の訳には，ご存じの continue to talk, keep on talking などが定番です。これらでももちろん可能ですが，**talk away** という句動詞でも同じ意味を表すことができます（"to continue to talk for a long time"—*MEDAL*²）。

この away は課題④の「継続・反復性の away」と同じで，talk という行動が「**起点から離れながらも，ずっと続いている**」というようにとらえると理解できると思います。

解答例⑤ The girls just kept **talking away** to each other without noticing the time.

カリフォルニアにいた頃，同じ用法の away でよく耳にしたのが，**idle away** です（"to spend time in a relaxed way, doing nothing"—*LDOCE*[6]）。これは**「だらだら過ごす」**というマイナスの意味合いと，**「のんびり過ごす」**というプラス・イメージの両面の用法があります。

　前半の pass away などは馴染みがあると思いますが，make away, work away あたりから日本人の認知度はかなり低くなると思っています。ところが何度も述べましたように，こうした「away 句動詞」は英語ネイティブの間では使用頻度はかなり高いのです。これはどうしてなのでしょうか。不思議です。

23 「起点からの移動」の away (4)

最後のセクションではこれまで扱えなかった away の「捨て難い」用法です。

年を取るとこうなるのです。ビシっと英訳してください。

> ① カフェイン入りの飲み物は**とらない**ようにしています。
>
> ヒント 「カフェイン」caffeine 「〜入りの→〜を含む」contain

「とらない」を「避ける」と置き換えれば avoid で訳出できますが，「普段着」で思いつくのは**「立っている→止まっている」**を原義（G6）とする stay を中心とする **stay away from** です。

この句動詞は大きく，"to not go near or become involved with someone" と "to avoid something that will **have a bad effect on** you"（CALD⁴）（太字は著者）という2つの用法に分かれます。課題文は後者です。**「悪影響を与えうるものから距離を置く」**という感じになり，イメージをつかみやすいと思い

ます（cf. stay off → p. 35）。

解答例① I've been trying to **stay away from** any drinks that contain caffeine.

さて，2番目はビジネスシーンの課題文です。

---

②（電話に応対して）恐れ入りますが，ブラウンは大阪本
社に**出張して**おりまして，帰社は来週の月曜日になりま
す。

ヒント 「大阪本社」Osaka main office

「出張する」は be on a business trip や make a business trip あ
たりが定番でしょうが，**call away** という「手」もあります。こ
れは**「人を他の場所へ行かせる」**という意味で，本社に呼び出さ
れたので called away と受け身にします。**「呼び→離す」**という
イメージで押さえてください。なお，呼び出される場所は to で
示します。

解答例② I'm sorry but Mr. Brown **was called away** to our Osaka main office and will be back Monday next week.

次はネイティブの使用頻度の高い用法です。英語に訳してくだ
さい。

---

③ いいかい，これは重要な問題なんだ。**笑ってはごまかせ**

> **ないんだぞ。**

「笑ってごまかす」の訳としては，文字通りの cover it by laughing/smiling や laugh off があります。句動詞で想起するのは away を含む **laugh away** で，これで**「ごまかす」**を表現できます。

この用法の away は**「(笑って本題から) 離れる」**というニュアンスを動詞に付与し，発展的に**「ごまかす」**となったものです。なお，「笑い」が「微笑」の場合には同類の **smile away** です。

> **解答例 ③** Listen, this is a serious issue. You just can't **laugh** it **away**.

お馴染みのあいさつです！ 英訳してください。

> **④**（乾杯のあいさつで）お堅いことは**抜きにして**パーティーを楽しもう。乾杯！

「(お堅いことは) 抜きにして」は skip formalities, put formalities aside などが鉄板で著者もよく用いますが，ここは **do away with** を用いてみます。do away with は多義の句動詞です。代表的な意味だけでも**「廃止する」，「始末する」**などがあります（*G6*）（cf. put down → p. 81）。ここは**「離れて済ませる→抜きにする」**という発想の流れからの用法です。away が効いています。

> **解答例 ④** OK, let's **do away with** formalities and enjoy the party! Toast!

最後にもう一題，「away 派生系」をチェックしておきましょう。

---

⑤ デフレがその国の（経済的）繁栄を**むしばん**でいる。

「むしばむ」には erode, corrode, spoil, affect など，big word がたくさん出てきます。でも「普段着」では **eat away at** です。ここの away は keep on と同じく，**「続けて」**という意味を動詞に与えます（cf. work away → p. 120）。つまり**「食べ続ける」**から**「次第に侵食する，風化させる」**と発展したものです。目的語には狭い領域を示す at で連絡します。自然現象のみならず，課題文のような経済状況などにも用いることができることも押さえておいてください。

解答例⑤ Deflation is **eating away at** the country's prosperity.

余談ですが，失われた30年の日本経済はまさに inflation と deflation の間の綱渡りが続いています。どちらに振れすぎてもいけない，大変な時代に突入しました。

24 「近い位置関係」の by (1)

by を含む句動詞に進みます。by の基本義は「…のそばに。**ある物と並んで位置するとは限らず，漠然としたそばを表すこともある**」(*G6*) です。そこから「**かたわらへ・脇に**」，「**通り過ぎて**」などの用法が発展しました。

まずは「**空間的に隣接**」を意味する課題文から入ります。太字箇所に注意して英訳してください。

---

① どんなことがあろうとも（私は）子供たちを**守ります**。

　ヒント 「どんなことがあろうとも」no matter what

「守る」と聞くと，反射神経的に protect, defend などが思い浮かびます。でも，この課題文には **stand by** がハマります。stand by には「**困難な状況にいる人を守る**」("to continue to support or help someone who is **in a difficult situation**"—*CALD*⁴) という含みがあります（太字は著者）。

by は上述のように「**隣接**」，つまり「**位置的に近い**」ことを示

しますので，この用法は理解しやすいと思います。

　なお，stand by には，目的語なしの場合**「傍観して何もしない」**（"If you stand by and let something bad happen, you do not do anything to stop it."—*CCALED*[5]）というその反対の動作の用法もあるので注意してください。

解答例① I will **stand by** my children no matter what.

　次の課題はネタバレですかね。stand by の最後に述べた用法と同じものが別の句動詞でも表現できるのです。Quick translation で！

---

②このまま**何もせずに**成り行きにまかせることはできない。

　「何もせずに」は直訳では without doing anything ですが，これを「そばに座ったままで何もしない」と考えれば **sit by** で表せるのです。課題①の最後でふれた「見てるだけ」の stand by の用法と同様の発想からの句動詞です。

　MEDAL[2]の定義によれば，sit by は "to take no action when something bad is happening" なので，**「悪いことが起きている（起きそうな）状況」**で用いられることが多いようです。こここの by も近い位置関係を動詞に与えます。

| 解答例 ② | I just can't **sit by** and let it happen. |

次の課題文では受験でお馴染みの句動詞が使えるかもしれません。

③ 彼はどうやってあのビンテージカーを**手に入れた**のだろう。
> ヒント 「ビンテージカー」 vintage car

「手に入れる」は get, acquire, receive などでも表すことができますが，ビンテージカーを考慮に入れると，"to get something, **especially something that is hard to get**"（*MEDAL*[2]）（太字は著者）を意味する **come by** が使えます。

この句動詞は英熟語帳などでは常連ですが，使いこなせる人は少ないのがまたまた不思議です。come by の basic meaning は**「（なかなか入手できないものが）そばに来る→入手する」**です。**「なかなか入手できない」**が特に重要です。

なお，この by は**「隣接」**の意味で，「手段」ではないことは大丈夫ですよね。ともかくも日本の英語学習者の間では，「away 句動詞」と並んで，なぜか使用頻度が低いのです。「お宝」を手に入れた時にはぜひ使ってみましょう。

| 解答例 ③ | I wonder how he **came by** such a vintage car. |

次に移ります。子育て世代の一シーンからです。

④ 彼女は社内の託児所に**立ち寄り**，子供を預けてからオフィスに来ました。

ヒント 「社内の託児所」in-house care center

「立ち寄る」に対応する句動詞としては **stop by** や **come by**（上の課題③の用法とは違います！）が思い浮かびます。ここは前者を用いてみます。

stop by の定義は "to visit someone for a short time, **usually on the way to another place**"（*CALD*[4]）で，太字（著者）の「**目的地の途中でちょっとした用事のために立ち寄る**」がポイントとなります。この by は「**隣接の道を経由**」する意味を付加します（cf. by the way）。

子育ては課題文のように，時には煩わしいと思うことがあるかもしれませんが，時が経てばきっと good memory になると思いますよ。子供が育つのはあっという間です。

解答例 ④ She **stopped by** the in-house care center, left her son and came to the office.

本セクションのラストを飾る課題文です。即訳してください。

⑤ 今朝，マイクがオフィスに**ひょっこりと顔を出した**ので私たちは驚いた。

「顔を出す」は show one's face と訳せますが，「ひょっこりと」のニュアンスを踏まえると **drop by** (place) が適切です。

130

CALD[4] は drop by を "to come to see someone, sometimes at a stated place, **usually briefly and without a specific invitation**" と定義していますが，それこそが課題④の stop by との違いです。そうです，drop には**「前触れなしに」**という含みがあるのです。

なお，「立ち寄る」には他に，上述の **come by**（「訪問する」に近い），口語でよく用いられる **swing by**，さらに by を離れますが，**come over** (place), **drop into** (place), **drop in on** (person) などがあります。辞書でそれぞれのニュアンスの違いを確認しましょう。どれも私たちにはなくてはならないコミュニケーション行動です。

解答例 ⑤ Mike surprised us by **dropping by** the office this morning.

---

25 「近い位置関係」の by (2)

このセクションでも引き続き，**「空間的に隣接」**という意味を動詞に添える by の働きを学んでいきます。

まずは軽めの課題文です。瞬時に英訳してください。

---

① 大統領の車列が**通り過ぎようとしたまさにその瞬間**，駐車中の車が爆発した。

ヒント 「車列」motorcade 「駐車中の車」parked car

「通り過ぎる」には即時に pass が浮かびますが，ここでは by を加えて **pass by/along** ("go past a person, place, vehicle, etc" —*LDOCE*[6]) を用いて訳してみます。動詞 pass と pass by の違いは微妙なものですが，by を加えることで**「隣接した所を通過」**するという空間的なニュアンスが動詞に加わります（"near or at the side of"—*CALD*[4]）。by を付けることで，言ってみるならば**「臨場感」**が増すのがポイントで，課題文の「まさにその瞬間」という文脈には合います。

解答例 **①** Just as the President's motorcade was **passing by**, a parked car exploded.

次の課題はよく知られている句動詞で行けます。英訳してください。

---

② 彼女が会社から採用通知を受け取るまで3週間が**経過した**。

ヒント 「採用通知」letter of appointment

「経過する」には elapse が選択できますが、やはり堅い。実はここも **pass by/go by** でこなせます。

課題①で引用した *LDOCE*[6] の定義にあるように、by は**「場所・人・ものの通過」**を表しますが、それだけでなく**「時の経過」**(the passing of time) にも用いることができます。

解答例② Three weeks **passed by** before she received a letter of appointment from the company.

次は人間が抗うことができない時の流れに関する文です。

---

③ 時はまたたく間に**経過し**、やがて(私の)手術の当日となった。

ヒント 「手術」operation

課題②と同じパターンですが，ここは **speed by** を選択してみます。もちろん pass/go by でも OK。ただ課題文では「またたく間に」という時の流れがキーとなるので，やはり speed by でしょう。なお，時の経過を表す類例は **fly (by)**, **flash by**, **zip by** など，実に数多くあります。

蛇足ながら，「時」で思うのが，シェークスピアです。人間が抗えない時の流れに対して，彼は作品の登場人物にその思いを託しています。以下はハムレットの独白です。時を villain と呼んでいます。

…… Bloody, bawdy villain!

Remorseless, treacherous, lecherous,

kindless villain! (*Hamlet*, Act 2, Scene 2)

忌まわしい，いやらしい悪党！

恥知らず，恩知らず，女たらし，

人でなしの悪党め！（『ハムレット』第2幕第2場）

解答例③ Time **sped by** and soon it was the day of my operation.

次の課題は派生表現です。

---

④ 彼女は昇進の機会を **（みすみす）見逃**したくはないだけなのです。

ヒント 「昇進の機会」chance for promotion

「見逃す」は overlook, squander あたりで表せますが，pass by のバリエーションの **「pass ＋ 人 ＋ by」** を用いると **「機会がそば**

(by) を通り過ぎる (pass)」のように比喩的に訳すことができます（"if something passes you by, **it happens but you are not involved in it**"—*LDOCE*⁶）。太字部分（著者）がポイントで，日本語での言い回しである**「指をくわえて（みすみす）…する」**に近い表現です（cf. stand by → p. 128）。ぜひ，皆さんの表現ストックに加えてください。

　なお，slip by も同じ意味で用いられることがあります（例：Ken let the chance **slip by**. ケンはみすみすチャンスを逸した）。

解答例 ④ She just doesn't want the chance for promotion to **pass** her **by**.

　このセクション最後の課題です。即訳してください。

---

⑤（新入寮生への挨拶で）まずは寮で**守って**もらいたい基本ルールを伝えよう。

ヒント「寮」dormitory, dorm

　「守る」は keep, follow，堅い言い方では abide by などで処理できます。しかし，**「ルール・信条などに従って行動する」**という場合には **live by** です（"to agree with and follow something, such as a set of beliefs"—*MWCD*¹¹）。この by は時に**「準拠の by」**と呼ばれることがあります。

解答例 ⑤ First of all, let me give you some basic rules to **live by** in this dorm.

「近い位置関係」の by (3)

by を含む句動詞の wrap-up です。最後は基本義の**「…のそば に」**を元にした派生的な用法を取り上げます。どれも「近い位置 関係」(proximity) が下敷きになるので，記憶には残りやすいは ずです。

まずはお馴染みの言い回しです。ズバッと英訳してください。

---

① 私たちは二人の夢を実現するために少しずつ**貯金を続け ている**。

「貯金する」は save ですが，句動詞では **put away, put aside, put by, lay by** などが思い浮かびます。**put by** は "to save an amount of money to use later" (*CALD*[4]) とあるように，**「将来の 目的のために (keep for future use)，かたわら (by) に置く (put)」**という図式で理解できると思います。なお，**put by** は主 に英国用法で，米国では **put away/aside** となります。

解答例① We have been trying to **put** some money **by** to make our dream come true.

次は日本語の慣用表現も入っています。Give it your best!

---

② そんな雀の涙のような額で**やって行ける**わけがない。

|ヒント| 「雀の涙のような額（のお金）」woeful amount of money

「やって行く」の訳としては manage (to do) を想起するのが自然ですが，**get by** という頻度の高い句動詞を忘れてはいけません。ポイントは**「困難にもかかわらず，なんとかやる」**（"to manage, **esp in spite of difficulties**"—*CCALED*[5]）です（太字は著者）。

解答例 ② How can we **get by** on such woeful amount of money?

なお，「雀の涙ほどの収入」は **pittance** とも言えます。これは pity と同語源の語ですが，うまい言い回しです。

次の課題文も同じ句動詞でやっつけられます。

---

③ （プレゼンのための準備で）プロジェクターは 2 台で**なんとかやれる**と思うけど，3 台あると安心だね。

「なんとかやれる」は課題②と同じく get by で処理できますが，ここでは with を付けた **get by with** を用いてみます。私たちにはなかなか発想できない形の表現です。

CCALED[5]は "If you can get by with what you have, you can manage to live or do things **in a satisfactory way**." と説明しています。太字（著者）の**「満足の行くやり方で」**がポイントです。

なお，「安心だね」の箇所はあえて**「give＋人＋a security**

blanket」の型を用いてみます。これは *Peanuts*（日本版「スヌーピー」）のキャラクターである Linus にちなんだフレーズで，留学時代にはよく耳にしました。

> 解答例 ③ We could probably **get by** with two projectors, but three would give us a security blanket.

次の課題文は「英語では言えそうで言えない」の典型です。

> ④ヘンリーは問題に関する彼ら（各委員）の**感触を得るために**暫定的な案を委員会に提案した。
>
> ヒント 「暫定的な案」tentative proposal

「提案する」は propose, make a proposal あたりが順当ですが，日本人が使いこなせないのが，**「run＋プラン＋by 委員会」**というシンプルな形です。こんな run の使い方は面白いですね。ただ，日本語でも**「会議にかける」**と言いますよね。**「会議に提案して反応を見てみる」**（観測気球をあげる，アドバルーン発言）というのは洋の東西を問わないのかもしれません。

> 解答例 ④ Henry **ran** his tentative proposal **by** the committee to see how they felt about the issue.

ラストは「時の経過の by」で締めましょう。Give it a try!

> ⑤時は**遅々として進まず**，彼女の退屈な講義は永遠に続き

そうだった。

ヒント 「退屈な講義」 boring lecture

先に取り上げた「時が速く流れる」の対義表現です。「遅々として進まず」はもちろん **go/pass by** に slowly を加えて表せますが，動詞 **drag** を選択し **by** を持って来ると，**「早く経って」**という思いにもかかわらず，時が進まない時の**「いらだち」**（irritation / annoyance / chafe）が表せます。

> **解答例 ⑤** Time **dragged by** slowly, and I thought her boring lecture would never end.

以上，「…のそばに」という基本義から発展した「by 句動詞」の代表的な用法を紹介してきました。そのいくつかは感覚的につかみやすいものだと思います。心的辞書に入れて，どんどん使ってみてください。

27 「随伴」の with (1)

このセクションからはこれまで紹介した句動詞にも幾度となく登場してきた with に焦点を当てます。

with の基本義は**「随伴」**（G6）で，**「…に対して」**，**「…と共に」**という意味を表します。

現在，with は**「随伴」**の意味で理解されることが多いようですが，**古英語**（Old English, 450年頃〜1150年頃）時代には**「…に逆らって」（against）**という意味で用いられていたのです（現在もその用法は残っています）。いずれにしても「with 句動詞」には多様な用法があり，使いごたえありです。

まずはレストランでよく耳にする表現からスタートしましょう。太字箇所に注意して瞬時に英訳してください。

---

①このワインはジビエ料理に**よく合います**。

ヒント「ジビエ料理」game meat recipes

「合います」は match や fit などで表せます。でも「普段着」で行くなら，この文脈では **go with** です。

文字通りには**「…と一緒に行く」**ですが，with は**「同意・協調」**（G6）を表し，ここはワインがジビエに**「調和する」**という意味になります（"If one thing goes with another, they suit each other or they look or taste good together"—*CALD*[4])。なお課題文には「よく」とあるので，強意の well を加えてみます。

ちなみに「ジビエ」（フランス語 gibier）は，いわゆる野生の鳥獣のことで，ヒントにも書きましたが英語では（wild）game meat recipes です。

解答例 ① This wine **goes well with** game meat recipes.

次も食べ物関係です（個人的な好み！）。Put it into English.

---

②（レストランで）私，今日はイタリアン**にする**わ。

言語学などで日本語の特性を示す時に「ボクはウナギだ」という**ウナギ文**を示すことがありますが，まさかここは I am Italian. ではありませんよね。

食事などを注文する際の「…にする（選択する）」は choose や pick out ですが（→ p. 30），親しい仲間の会話であれば上記の課題①と同じ **go with** で処理できます。**「イタリア料理と一緒に行く → 選ぶ（"to make a selection"）」**という発想の流れです。

解答例 ② I think I'm going to **go with** Italian food today.

次はニュースから素材を採りました。Translate it into English.

> **③** 監督は問題に**取り組む**のではなく，避けようとしている
> ように思えた。

「取り組む」は 1 語では tackle, face，句動詞では **work on** な
どが考えられます。ここはご存じの **deal with** を用います。deal
with は多義表現で，その中に**「取り組む，対処する」**という用
法があるのです。

でも実際，**「取り組む」**という訳語（語義）だけでは，そのコ
アの意味はつかみにくいと思います。英英辞書を引きますと，"**to
take action** to do something, **especially to solve a problem**"
(*MEDAL*[2]) とあります。そうです，太字（著者）の**「(問題を解
決するために) 行動を起こす」**という点がポイントとなることが
わかります。

学習のための効率を最優先する受験用の単語帳などで見受けら
れる「一対一対応的な訳」だけでは，日英でズレが起きる可能性
があります。句動詞の本質の理解には英英辞書と deal with する
時間が必要です。

> **解答例 ③** The manager seemed to avoid the problem instead
> of **dealing with** it.

次の課題も実は同じ句動詞で訳せます。かなりネタバレです！

> **④** 本書では日本における英語教育の歴史を**論じています**。
> **ヒント** 「日本における英語教育の歴史」history of English Language

「論じる」は discuss, treat, talk about などが一般的ですが，課題文は課題③と同じく **deal with** でこなせます。こちらは「**(テーマなどを) 論じる，取り上げる**」という用法で ("to be about or be on the subject of something"—*CALD*[4])，with が特定のテーマに「**随伴**」していることが示されています。著者も論文や講演などでよく用います。

> **解答例 ④** This book **deals with** a history of English Language Teaching in Japan.

最後は微妙な心持ちを暗に示すことができる表現です。即訳を！

> **⑤** (見積もりを提示され) その価格でも**構いません**。

「構いません」と聞くと，I don't care. や No problem. などが反射的に出てきますか。でも文意を踏まえると，ここは **live with** でしょう。

live with は「**…と一緒に生きる**」というのが一般的な意味です。しかしながら，当然それだけではなく「**〈不快なこと・困難など〉を (じっと) 受け入れる，我慢する (put up with, tolerate)**」(*G6*) という用法が発展したのです。つまり，live with は「**諸手をあげての同意ではない**」や「**それ以外の選択肢が他にない**」という状況で用いられる場合もあるのです ("to accept something unpleasant that you cannot change"—*MEDAL*[2])。そん

な場面にも「随伴」するのが with です。

解答例 ⑤ I can **live with** that price.

　ロンドン留学中の1992年8月，熱波（heat wave）に見舞われました。寮（ロンドン大学では dormitory ではなく college と呼ばれます）にはエアコン（AC）はなく，暑がりの著者の我慢も限界。そこで市中でポータブルのエアコンを探しまくりましたが，手頃なものはすべて売り切れ！　あきらめて小型の扇風機（fan）を購入しました。その時，店員さんが言ったのが **You'll just have to live with it for now!**（しばらくはこれでやりすごすしかないね！）でした。

28 「随伴」の with（2）

　人間は基本的には「群れる動物」ですから，「…と一緒に」という意味を表す「with 句動詞」が数多く存在します。このセクションでは，with と基本動詞の do との組み合わせに焦点を当てます。

　最初はよくある事例からです。太字箇所に注意して，ズバッと訳してください。

---

① 彼の失礼な態度にはこれ以上**我慢できない**。

　ヒント 「失礼な態度」bad manners

　「我慢できない」の訳は en-dure, stand, put up with などで処理できますが，**do with** が頭に浮かんだあなたは上級者！do with には「**処理／処置する**」や「**何とか間に合わせる**」以外に「**我慢する**」という意味があります。do with の with は「**対象との関係，かかわり**」を表し，**疑問文・否定文**で用いられます。

× with

> **解答例 ①** I can't **do with** his bad manners any more.

今度は受験で覚えた表現でこなせるはずです。Give it a try!

> ② 首都圏では交通網が発達しているので，東京人は**車なし でもやって行けます**。
>
> **ヒント** 「首都圏」the metropolitan area 「交通網」transportation system
> 「東京人」people in Tokyo, Tokyoites

「やって行けます」は manage to do で表せますが，課題①で取り上げた do with の対義句動詞 **do without** でも処理できます。

do with は **「人や物の助けなしに…する」**（"to manage, work or perform successfully without having someone or something present"—*CALD*[4]）という意味になります。

日常会話では，She can't **do without** smoking.（彼女はタバコなしにはやっていけないのだ）のように **「(without 以下) がないとやっていけない」** という**否定形**で用いられる例が多いことはチェックしてください。

> **解答例 ②** Due to the development of the transportation system in the metropolitan area, people in Tokyo can **do without** a car.

次は著者もアンケートの時に用いる表現からです。

146

> **③** このアンケートはこの授業の成績には**まったく関係しま
> せん**。
>
> ヒント「アンケート」questionnaire（→ p. 25）

「まったく関係しない」をそのまま訳せば，have no connection
with となりますが，ここは have nothing to do with が最適です。
　*CALD*⁴はこれを "not involve someone or something" と定義し
ていますが，**「関わりがないこと」**をリズミカルにズバッと表現
できるこの句動詞は日常会話でよく使われます。
　関連表現の **have something to do with** や **do not have any-
thing to do with** も一緒に押さえておきましょう。

> **解答例③** This questionnaire **has nothing to do with** your
> grade in this class.

　次は仲間内の会話の感じで訳してください。

> **④** 仕事がたまっているんだ。君の助けが**必要だ**。
>
> ヒント「仕事がたまっている」have a huge backlog of work

　「必要とする = need」はもちろん正しいのですが，時には
could do with という選択はいかがですか。仮定法の could を用
いたこの句動詞は**「(物・事が) あればありがたい，…がぜひ欲
しい」**という意味の丁寧な依頼表現です。

> **解答例④** I've got a huge backlog of work. I could **do with**

your help.

セクションの最後は再び刑事ドラマから（著者も好きですね）。

⑤ 警察は義理の父親がその娘に**手をくだした**とみている。
　ヒント 「義理の父親」father-in-law

「手をくだす」は「殺す」の婉曲表現です。前述したように，英語では kill, murder などの直接的な言葉は敬遠されます（→ p. 118）。

　ここは do with に away を加えた **do away with** という句動詞で処理しましょう。**「…を取り除く，やめる」**などの意味の他に，口語では**「…を殺す」**という場合に用いられます。

　解答例⑤ Police believe that the father-in-law may have **done away with** the daughter.

　以上，一見「つなぎ」の印象が強い with ですが，ここまで見てきたように，決してあなどれませんね（cf. play down → p. 86）。次のセクションでも with を攻めていきます。

29 「随伴」の with (3)

　「with 句動詞」の中には基本動詞以外の動詞と組み合わさり，かつ使用頻度の高い例が数多く見られます。どれも英語コミュニケーションで使ってみたいと思うものばかりです。今回はそんな用例にスポットを当てます。

　まずは太字箇所に注意して，サクッと訳してください。

---

① 私は犬派です。どんなことがあろうと犬は主人に**忠実だからです**。

ヒント 「犬派」dog person

　「忠実です」の訳には faithful や loyal などが浮かびますが，意外と「穴」になっているのが **stick with** という句動詞です。「棒」を意味する stick には「突き刺す」という動詞用法があり，そこから**「くっ付く→忠実である」**と発展したものです（"to continue to support or be loyal to someone"—*OALD*⁷)。

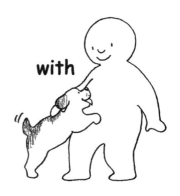

なお，この with は文字通りの「随伴」ですね。

　ちなみに犬はその忠誠心から man's best friend としばしば呼ばれます。

> **解答例①** I'm a dog person because dogs **stick with** their masters no matter what.

　次の訳にも課題①と同じ発想による句動詞が役に立ちます。即訳を！

> **②** 前の試合のお粗末なプレーにもかかわらず，監督は同じ先発メンバー**にこだわっています。**
>
> **ヒント** 「お粗末なプレー」bad showing 「監督」coach 「先発メンバー」starting lineup

---

　「こだわる」の訳は，もちろん文脈にもよりますが，attach one's mind to, get particular about, cling/adhere to などが代表格。

　これらに加え，**stick with** にも**「こだわり」**を表す用法があるのです。前述した stick の用法「くっ付く」から**「…を粘り強く続ける→信念を貫く→こだわる」**と発展してきたのがこの用法です（"to continue doing something or using someone to do work for you, and not stop or change to something or someone else"—*CALD*[4]）。

　スポーツでは監督による選手の起用法が話題になることがありますが，そのたびにこの stick with を思い出します。

> **解答例②** Even after the bad showing in the last game, the

coach is **sticking with** the same starting lineup.

3つ目の課題は日本語でもよく耳にする表現です。即訳してください。

③ 彼女はいつも弱者**の側に立ってくれる**有能な弁護士として知られています。

> ヒント 「弱者」the weak 「有能な弁護士」competent lawyer

「…の側に立つ」には be on one's side, right behind someone などの他，以前扱った **stand by** も使えます（→ p. 127）。

ここでは **side with** というシンプル表現を使ってみます。*MEDAL*[2]はこれを米国表現とし，"to agree with one particular person and support them in an argument" と定義しています。つまり**「(議論などで) どちらかの側に立つ」**という意味になるのです。定義では「議論」とありますが，議論のあるなしにかかわらず**「(弱い者の側に) 寄り添う」**という場合にも side with はハマります（cf. take sides）。

> 解答例 **③** She is known as a competent lawyer who always **sides with** the weak.

次はどうでしょうか。Put it into English!

④ 僕の新品のドローン，**いじらないで**！

> ヒント 「新品のドローン」brand-new drone

「いじるな」は機器を「（あれこれと）さわるな」という意味なので，touch, fiddle/play with などが使えます。これらのストックに加えたいのが，**「…に干渉する」**という意味の **mess with** です。これは "to handle or play with something **in a careless way**" （*MWED*[11]）と定義されるように（太字は著者），in a careless way がポイントになります。

ここの with は**「…に対して，…に」**という意味で，これが§27の冒頭でふれた against の意味を持つ古英語時代の with の名残です（→ p. 140）。

高校時代に出会った英語の先生が黒板に **Don't mess with the big dog.**（さわらぬ神にたたりなし）ということわざを書かれ，against の意味を保持する with を習ったことを昨日のことのように覚えています。

解答例 ④ Please stop **messing with** my brand-new drone!

蛇足ながら，昔，仕事で海外によく行っていた頃，航空機のトイレに "Federal law provides for a penalty of up to \$2,000 for tampering with the smoke detector installed in this lavatory."（連邦法では，このトイレに設置されている煙感知器を作動させた場合，最高2000ドルの罰金となることが規定されています）という警告がありました。mess with と同じ用法の **tamper with** も併せて押さえておきましょう。

セクション最後の課題です。ちょっとケンカ腰？

---

⑤ **私を誰だ**と思っているんだ！

定番訳は **Who do you think I am?** ですが，これにも **mess with** を用いることができるのです。mess with には**「人の感情を害する，逆なでする」**（"to treat someone in a bad, rude, or annoying way, or to start an argument with someone"—*CALD*[4]）という意味があるのです。機器に限らず**「人に干渉する」**場合にも使えます。ただ，かなり強い感情表現ですので，使用時には覚悟を！

解答例⑤ Who do you think you're **messing with**?

---

30 「随伴」の with (4)

「with 句動詞」の探究を続けますが，このセクションでは日本語でよく用いられる表現を取り上げます。すでに取り上げたものも含まれますが，使用頻度の高い重要なものなので，復習がてらのぞんでください。

まずは口語表現です。太字箇所に注意して，Put it into English!

---

①いつもやつらの**言いなりでいい**のかい？

ヒント 「やつら」your buddies

「言いなり（になる）」は follow や obey が定訳ですが，ここでは **go along with** に登場してもらいます。この句動詞を耳にすると，「一緒に（with），行く（go）」ということで accompany（同行する）という単語が連想されます。しかし go along with の用法はそれに留まらず，**「(提案・計画など) に賛成する→ (人など) に協力する→ (人や命令など) に従う」**と，その意味を発展させてきたのです。

解答例① Is it OK to always **go along with** what your buddies do?

2つ目の課題も人間関係からのフレーズです。

---

② 仕事の状況は良くなっています。新しい上司との関係も**どうにかうまく行きつつあります。**

ヒント 「状況は良くなっている」things are getting better

---

go along with と似ていますが，「…とうまく行く」は **get along with** でしたね（→ p. 51）。句動詞 get along には用法が2つあり，1つはよく知られた**「仲良くやって行く」**（"if two or more people get along, they **have a friendly relationship**"—*LDOCE*⁶）です（太字は著者）。しかし，なぜかもう1つの "**to manage** to continue doing something or make progress in a situation"（*MEDAL*²）という用法（太字は著者）は最初の用法ほど心的辞書には刻まれないようです。こちらの方は「なんとかやっている」という**「主語側の努力」**（manage to v.）を伴う用法なのです。

get along with が必ずしも become friends with とイコールにはならないということは銘記しておきましょう。

解答例② Things are getting better at work. I'm starting to **get along with** my new boss.

3番目も慣用表現です。Translate the following into English.

---

③ あれがふたりの最初のデートだったんだ。どうも最初から**ウマが合った**ようだよ。

「ウマが合う」（これも古い？）に相当する英語は，課題②で言及した get along with の他，**be on the same wavelength** や **speak the same language** など複数あります。やはり人間関係は洋の東西を問わず大切なのですね。

　加えて口語でよく使われるのが，**hit it off (well)** です。これは hit という動詞の語感からもうかがえるように**「すぐに意気投合する」**（"to be friendly with each other immediately"—*CALD*⁴）という意味になります。リズムのある表現なので，いろいろな曲の歌詞にも登場しています。

解答例③ That was their first date. It looks like they **hit it off with** each other from the start.

　次も日本語でよく耳にする表現です。即訳してください。

---

④ どうも**夏風邪にかかった**みたい。

　「（病気に）かかる」という動詞は catch や have, get でこなせますが，英語ネイティブがよく使う「普段着表現」は **come down with** です（cf. come on → p. 50）。

　*MEDAL*²は "to become ill with a particular disease, **usually one that is not serious**"（太字は著者）と**「軽い感染症」**

に用いられます。

> **解答例④** I feel like I'm **coming down with** a summer cold.

最後は「連載人」には共通の悩みです。

> ⑤コラムのアイディア**を思いつく**のにいつも苦労していま
> す。
> ヒント 「コラム」article

「思いつく」の訳としては conceive, think up, hit upon などが
定番ですが、「普段着」でおススメなのが **come up with** です。
その基本義は**「ひらめくだけではなく、それを他の人に述べる」**
("to mention an idea, possible plan, or action for other people to
consider"—*CALD*⁴) です。**「思いついた後の行動」**まで含まれる
場合がありますので注意してください。

> **解答例⑤** I always have a hard time **coming up with** ideas for
> my article.

31 「随伴」の with（5）

　「随伴の with」もいよいよ最終回！　このセクションでは，受験などでよく知られているはずなのに，使い方に英語ネイティブとのズレがある句動詞を取り上げます。

　今回も課題文の太字箇所に注意して，Quick Translation で！

---

①ロンドンはとても魅力的な都市なので生活費の高さは**我慢できます**。

ヒント 「生活費の高さ」high cost of living

　すでにふれたように「我慢する」には do with が使えますが（→ p. 145），お馴染みの **put up with** でも処理できます。ただ，これは単に**「我慢する」**だけではないのです。put up with は "to accept an unpleasant situation or person **without complaining**"（*LDOCE*[6]）と定義されているように，**「不平を述べないで我慢する」**というのがポイントです（太字は著者）。put up with は言ってみれば「忍の字」の句動詞なのです。

解答例 ① London is such an attractive city that I can **put up with** its high cost of living.

次の課題からも句動詞の深みを学ぶことができます。Give it a try!

> **②**（午前の研修会の受付で久しぶりに会った友達に）夕方
> のパーティーで**いろいろ話そうね**。

「いろいろ（と）話す」は文字通り，talk a lot, have a chat などで十分。しかしこんな時ネイティブらしいのが **catch up with** なのです。

catch up with では「…**に追い付く，…について行く**」などの意味が真っ先に思い浮かぶのが普通でしょう。でも，実はこの句動詞には「**しばらく会わなかった人と近況のやりとりをする**」，「**情報交換をする**」（"talk to someone whom one has not seen for some time in order to find out what they have been doing."—*OALD*[7]）という用法があることは日本ではあまり知られていません。

やはり，日本語と英語の「**一対一対応的**」な覚え方だけでは句動詞のジーニアス（真髄）はモノにはできません。

> **解答例②** I'll **catch up with** you at the party this evening.

3つ目の課題文も catch up with でこなせます（ネタバレ！）。

> **③** 3日間連続して十分な睡眠をとっていないのが**こたえ始めて**います。

「こたえる」には impact on や get to, work on，さらに以前取

り上げた **tell on** が使えますが
（→ p. 54）、なんと、ここでも
catch up with を用いることが
できるのです。

catch up with には「…に追い
付く→…に影響を与え始める」
という発想から「**(精神的，肉
体的に) こたえる**」（"to begin
to have an effect on someone"
—*MEDAL*²) が生まれました。

解答例 ③ The lack of sleep for the last three days is **catching up with** me.

4つ目はキャンパス表現です。学生気分でどうぞ！

---

④ この前の試験，どうだった？

ストレートに訳すと How did you do on the exam? です。これ
で十分なのですが，実はこれは主に**米国用法**なのです。

バリエーションとしておススメしておきたいのが英国留学中に
仕入れた **get on with** です。get on with の「**人が（仕事など）を
うまくこなす**」という用法はあまり知られていないようです（cf.
get along with → p. 51）。

解答例 ④ How did you **get on with** the last exam?

5つ目は「あるある」の表現です。英語にしてみましょう。

---

⑤ ジェーンはビルと昨晩**ケンカして**以来，お互いに口もき
いていない。

「けんかする」は「言い争い」（verbal）と「取っ組み合い」
（physical）に分かれます。前者では get into a fight, have/pick a
quarrel などがあります。後者は fight を動詞で用いるのが一般的
です。

ここでは **fall out with** を覚えてください。*CCALED*⁵は "If
you fall out with someone, you have an argument and **stop being
friendly with them**." と定義しています。太字（著者）にした
「仲良くするのを止める」がポイントですね。

fall out with をネットで検索すると**「恋愛関係」**での用例が圧
倒的でした。恋に落ちるのが fall in love と言うことを考えると，
面白い言い回しです。

解答例 ⑤ Jane **fell out with** Bill last night, and they have not
talked with each other at all ever since.

---

32 「端から端へ」の through (1)

　ここからは through を含む句動詞に move on します！　through は日本語でも会話で「スルーされた」などと言いますので，お馴染みですね。

　英語の through の基本義は「…を通り抜けて」(G6) です。ここから「通過・貫通」，「突破」，「(電話・ネットなどの) 手段・媒介」，さらには「完全・徹底」などの用法が発展してきました。

through

　まずは確認の意味で，基本のキの「通過する」から始めます。太字箇所に注意して英訳してください。

---

① (タクシーで) あのトンネルを**通り抜けたら**右折してください。

ヒント 「右折する」(口語) make a right / turn right

　「通り抜ける」は字面の通り **go through** で表現できますので，問題はないと思います。**「行く，進む」**を表す go に，through の基本義**「…を通り抜けて」**(G6) を加えたものです。

ここから go through には，「細かく検討する」，「くまなく調べる」，「(法案などが) 通過する」，「(困難・試練などを) 体験する」など多くの用法が発展してきました。一部はこのセクションでも扱いますが，これを機会に多義の go through を辞書などでチェックしてみてください。

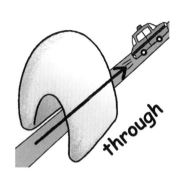

解答例① After **going through** that tunnel, make a right, please?

なお，「右折する」は turn right でも問題はありませんが，make a right の方がネイティブっぽい響きがあります。これは make a right turn が縮まったものです (cf. turn left / make a left)。

次は都市部ではもはや日常の風景となっています。Put it into English.

---

② 渋滞を**抜ける**のにたっぷり2時間かかった。
　　ヒント 「渋滞」snarl 「たっぷり」good

これは課題①の go through でも可ですが，go を get に変え，**get through** にすると，さらに**「(困難など) を切り抜ける」**という感じが出ます ("to manage to deal with a difficult situation or stay alive until it is over"—*MEDAL*[2])。get through には困難なこ

とがらを**「切り抜ける」，「やり抜く」**というニュアンスがあります。

なお，「たっぷり」には good がハマります。これは「十分な」を表す強調としての good です（"You use **good** to emphasize the great extent or degree of something"—*CCALED*[5]）。

もう一点。「渋滞」は英語では jam, congestion などですが，ここでは米国時代に何度も耳にしていた **snarl** を用います。これは**「(髪やコードなどの) もつれ」**から発展してきた口語表現です（cf. snarl-up）。

解答例② It took us a good two hours to **get through** the snarl.

次はネット時代の言い回しです。Give it a try!

---

③ PPT のファイルを送ろうとしているのですが，**送信できないのです。**

ヒント 「PPT のファイル」PPT files（Microsoft PowerPoint のファイル形式）

「(メールで) 送る」で普通に思いつくのは send a file by/via email でしょうか。でも，ここでは **go through** を用いてみます。go through は多義の句動詞で**「…を通過する」，「(うわさなどが) …に広まる」，「… (苦難など) を経験する，耐え抜く」**が代表的な用法です（cf. get through）。ここで使うのは最初の用法「通過する」が現在の IT 時代に発展したものです。事実，ネット分野の「送る，通る」では go through は大活躍です。

なお，ここでは今ひとつ工夫を加え「どうしても…しない」を

意味する won't を持ってきて，won't go through としてみます。**「(どうあってもファイルが) 行ってくれない」**という送り手の**いらだち**のようなものが won't と共に伝わります（→ p. 30）。いずれにしても昭和人間の著者にはこうしたネット由来の表現は鬼門です。

解答例③ I'm trying to send some PPT files by email, but they won't **go through**.

次は IT 時代の前時代である昭和の表現です。英訳してください。

---

④（電話に応対して）このままお待ちください。**おつなぎします。**

ヒント「(電話で) お待ちください」hold the line

「つなぐ」は connect ですが，「普段着の英語」であれば **「put + 人 + through」** です。

MEDAL[2]は "if you put a person or call through, you connect someone to the person they want to speak to on the telephone" と説明しています。

「電話をつなぐ」に遭遇する場面は携帯電話の拡大とともに少なくなったように個人的には感じています。

ともかくも，この through からも **「…を通り抜けて」** という基本義が確認できます。

解答例④ Please hold the line. I will **put** you **through**.

次はカナダの病院で目撃した表現です。こんな場面ではどんな英語が用いられるのでしょうか？

---

⑤（病院で）急患です！　**通ります！**

　ヒント　「急患」emergency patient

　「通ります」は通常の文脈では Excuse me, could you let me through? や Can I get by? などを思い浮かべますが，課題文は差し迫った緊急の場面です。著者が聞いたのは **Coming through!** でした。

　学生引率でヴァンクーヴァーに滞在していた時，研修で行ったアイススケート・リンクで学生が転んで脳震盪（cerebral concussion）に見舞われました。急遽，911（Police, Fire, Ambulance）を呼び，運ばれた病院の廊下で耳にしたのがこの表現。私たちの直後に別の救急車が到着し，パラメディック（paramedic）や医師，看護師が患者を救急車から降ろして，救急救命室（emergency room, ER）へ搬送しました。その時，パラメディックの女性が廊下に響き渡る声で "**Coming through!**" と叫びながら患者を ER へと搬送して行きました。**「端から端」**の through には**「かき分ける」**パワーがあることを実感した次第です。ちなみにうちの学生は無事でしたが，直後に運ばれた人がどうなったのかはわかりません。

　解答例 ⑤ Emergency patient **coming through**!

166

33 「端から端へ」の through（2）

「through 句動詞」の２回目も，**「貫通」，「突破」**の比喩的用法を学びながら，アウトプット力を鍛えましょう。

最初の課題文は実話です。太字箇所を目当てに英訳してください。

---

①申し訳ないのですが，お客様のカードでは**決済ができません**。

「決済ができない」，つまり「カード認証が得られない」には be refused や get declined が適切です。でも句動詞を用いるなら，前回取り上げた**「貫通」**を意味する **go through** で処理できるのです（→ p. 164）。*CALD*⁴には "If a law, plan, or deal goes through, it is **officially accepted or approved**." と定義されています（太字は著者）。

課題文の状況は，世界最古のホテルといわれるロンドンの the Savoy でチェックアウトの際に著者のカードが認識されないというトラブルに見舞われた時のものです。何度か再試行してもらい，無事に went through できましたが，帰国前のあの時は現金（ポンド）も残り少なく，冷や汗ものでした。

解答例① Sorry sir, but your credit card didn't **go through**.

2つ目は大学の就活でよく出て来る表現です。

② かわいそうにかおりは最終面接を**突破でき**なかった。
　　ヒント 「最終面接」final interview

「突破する」の定訳は pass や overcome ですが，「普段着の英語」では，同じく前のセクションで取り上げた **get through** が使えます（→ p. 163）。

就職試験では通常，一次，二次などの関門があります。それをひとつずつ**「突破して進む」**イメージが get through で表せます（"to follow an official system for dealing with a type of problem or request"—*MEDAL*²⁾。to はもちろん到達点です。

解答例② Poor Kaori didn't **get through to** the final interview.

元ゼミ生で，Apple Computer の入社試験を get through した猛者がいました。現在はどんな採用システムになっているのかわかりませんが，当時は「世界一括採用」で，日本の学生が欧米やアジアの就職希望者と競うというスタイルを採っていました。面接は8次まであったと思います。件のゼミ生は香港生まれで18歳の時に初めて日本の地を踏んだという魅力的な経歴を誇っていましたが，1年目のチャレンジに失敗，それでもあきらめずに浪人して，2年目でついにリンゴマークをゲットしたのでした。

課題③はビジネスシーンからです。即訳してください。

---

③ (CEO が忘年会で) みんなの努力のおかげでわが社は**難局を切り抜ける**ことができた。

ヒント〉「難局」difficult patch

「切り抜ける」は上記の **get through** でも切り抜けられますが，ここは **come through** を用います。どちらも**「困難を切り抜ける」**という意味を表しますが，両者の用法には大きな違いがあります。

まず，get through は**「(難局に) これから立ち向かう時」**に用いられることがほとんどです。

これは困難に入る前の**「入り口表現」**と覚えてください。対して come through は**「(何らかの手段を講じて難局を切り抜けたあとに) 出口に到達し，振り返る時」**("If something comes through, it arrives, especially **after procedure has been carried out**"—*CCALED*[5]) と，**「乗り越えたあとに振り返る時」**に用いられるのです (太字は著者)。課題文は明らかに「出口」に到達し，振り返った時の謝辞です。

解答例③ Thanks to everyone's efforts, our company has **come through** a difficult patch.

---

get through / come through は動詞が違うだけでほぼ同じ型を取る表現ですが，微妙なニュアンスの違いは英語ネイティブではないわれわれにはチャレンジですね。ともかくも困難な事柄の<u>前後で使い分けをする</u>と記銘しておいてください。

次は夫婦の会話です。Put it into English.

> ④（妻が夫に向かって）今月もこのお金だけで**やりくりしなければ**ならないのよ。

「やりくりする」はこれまで何度か登場し，manage to で行けることは了解されていると思いますので，ここは **make it through** を覚えましょう。

make it through は "to manage to deal with a difficult experience"（*LDOCE*[6]）という意味で，元々は**「病気を患った」**時に用いられる表現でした。しかし今では広く**「金銭や仕事などに関連した困難な状況を突破する」**という文脈でも用いられます。やはり through が効いています。これも manage to のバリエーションとしてストックに入れて，使ってみましょう。

> **解答例** ④ We have to **make it through** this month with this amount of money.

セクション最後も病気関係（スミマセン！）の表現です。Quick translation で！

> ⑤難しい手術を受けたあと祖母は**なんとか乗り切りました。**

pull through は「もう一方の端へと引っ張り抜く」という動作に起源があり，そこから**「困難を乗り越える」，「病気を乗り切る」**などの意味で用いられるようになりました（cf. carry through）。ビジネスの世界では，**「やり抜く」，「実行する」**という意味で用いられ，「プルスルー」というカタカナ語も登場しました。

解答例 ⑤ My grandmother managed to **pull through** after a very difficult operation.

これもネイティブには自然な句動詞なのですが，日本人にはなんとなく使用不足の表現です。なぜなのでしょうか？

34 「端から端へ」の through (3)

　「through 句動詞」のラスト・セクションです。ここでは特に日本語でよく使われる表現の訳し方に焦点を当てます。

　いつものごとく，太字箇所に注意して即訳してください。

> ① 壁を**打ち破る**までがんばり続けます。
>
> 　ヒント 「がんばり続ける」keep pushing

　「打ち破る」で思い浮かぶのは **break through** です。ここから日本語に入ったカタカナ「ブレークスルー」（breakthrough）も名詞として定着しました。これはもちろん，**「(障害を突破して)成功する」**がその基本義です。ポイントは**「長い間の努力の末，成功する」**（"to achieve success, make a discovery, etc., **especially after lengthy efforts**"— *CCALED*[5]）です（太字は著者）。**「打ち破る」**というニュアンスが through に込められています。

　ちなみに keep pushing の push は push oneself の型で用い

られることが通例で，仕事や勉強などで，自分自身にプレッシャーをかける（put pressure on oneself to do something）という意味で，「がんばります」という日本語表現に近い表現です（cf. push oneself forward 出しゃばる）。

解答例① I'll keep pushing until I **break through** the barrier.

次はスポーツからの表現です。Put it into plain English!

---

②（球団社長が監督に）君に必要なのはチーム再生という約束を**最後までやり切る**ことだ。

「最後までやり切る」の訳としては persevere などが考えられますが，ここでは **follow through**（＋on/with）をチェックしましょう。この句動詞には**「（計画，約束など）を最後まで遂行する」**（stick out to the end）という意味があります（"to do what needs to be done to complete something or make it successful"—*LDOCE⁶*, cf. carry through）。野球，ゴルフ，テニスなどのスイングでは最後までしっかりと follow through することが打撃のポイントになります。

　著者は高校教員時代には野球部の副々顧問（？）でした。その時の経験から，バッティングがシュアな選手は follow-through がきっちりでき，スイングが美しかったことを覚えています。

解答例② You need to **follow through on** your promise to make the team strong again.

次は「あの表現」でこなせます。Give it a try!

---

③ 先生は光太郎のうそを**見抜いていた**。

はい，「見抜く」はズバリ **see through** です。「シースルー」（see-through）はファッション用語として流通していますので，そちらの意味だけでとらえがちです。しかし，see through は元々**「…を通して見る」**が基本義で，そこから**「真実・本質を見抜く」**という用法が発展しました。これは英英の定義に "to understand the truth about someone or something and **not allow yourself to be deceived**"（*CALD*[4]）とあるように（太字は著者），**「だまされない」**のがポイントとなります。

解答例③ The teacher **saw through** Kotaro's lies.

次は著者が幼い頃に出会った表現です。即訳してください。

---

④ 次にこのタブレット PC の使い方を**実際にやりながら説明します**。

ヒント 「タブレット PC」tablet PC

「実際にやりながら説明する」は explain 〜 by doing と表現できますが，句動詞であればシンプルに **walk 〜 through** を用いることができます。この句動詞は，はるか昔，サンフランシスコのゴールデン・ゲート・パーク（Golden Gate Park）にあるデ・ヤング美術館（M.H. de Young Museum）の館内ツアーで，ガイドさん（学芸員？）が用いた表現でした。

文字通り，これは**「実際に（側で歩くように）やって見せなが
ら，一つずつ詳しく伝える」**という意味を表します（"to prac-
tice or learn something in a slow patient way, or to show someone
how to do something"—*MEDAL*²）。まさにガイドさんが一緒に
歩いて案内をしてくれる感じがしますね。今ではプレゼンのイン
トロ部分などで盛んに用いられるようになっています（cf. 名詞
walk-through）。なお，類語句の**talk through**は**「…をきちんと
わかるように言葉で説明する」**がポイントで，「語り」の側面が
強調される句動詞です。どちらも through の意味合いが生きてい
ます。

解答例④ Next, I will **walk you through** how to use this tab-
let PC.

次は古い言い回しですが，セクション最後の課題文です。

---

⑤ ライバル会社が（うちの）顧客と，より良い取引を結ん
　だ時点で契約は**ポシャった**。
　ヒント「ライバル会社」rival firm

「ポシャる」（フランス語の帽子 chapeau を逆さまにした造語）
という昭和の古き良き表現には，be ruined や，イディオムの go
down the drain などを持って来ることができますが，ここは **fall
through** で行きます。*LDOCE*⁶は "if an agreement, plan, sale,
etc. falls through, it is not completed successfully" と定義してい
ます。

　このように，through には，ものなどが指先を**「スリ抜ける」**

感じがあります。

> **解答例 ⑤** The contract **fell through** when the rival firm made a better deal with our clients.

　基本義の**「…を通り抜けて」**の**「通過・貫通」**から人間行動の実に多面な機能を through は担っていることがわかります。

35 「横切る」across

　ここは across を含む句動詞です。セクション１つだけの「スペシャル版」（？）です。形態から明らかなように across は「十字架」に由来します。こちら側から向こう側に**「…を横切って」**という基本義（*G6*）が基本動詞と結び付き，比喩的な意味で使われるようになったものです。

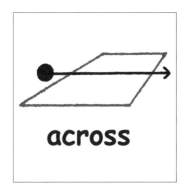

　最初はよく知られている用法です。英訳してください。

---

① コンサートで大学時代の旧友に**ばったり出会った**。

　[ヒント] 「大学時代の旧友」old friend from my college days

　「ばったり出会う」はよく知られている **run across** です。この句動詞の第一義の**「(道路や橋などが) 延びる，続いている」**から**「…に偶然出会う」**という用法が生まれました。人間行動の X と Y の軸が**「十字架のごとく横切る」**というイメージを across が担います。まさに十字架です。

この句動詞で押さえたいのは *LDOCE*[6]が "to find or meet (**esp. someone or something pleasant** by chance)" と定義しているように（太字は著者），**pleasant**，すなわち，人やもの・ことに出会える**「喜び」**がそのニュアンスに含まれる傾向があります。出会ったのは「旧友」なので run across がここにはハマります。

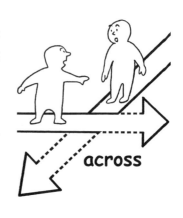

解答例① I **ran across** an old friend from my college days at the concert.

次も同類表現で処理できると思います。

---

② 相撲に関する記事を**見かけたら**，僕にとっておいて。
　ヒント 「記事」article 「とっておく」save

「見かける」では find, meet や see，さらに a bit formal な単語では encounter などを想起します。しかし「普段着」の表現では断然，**come across**（人・ものにたまたま出くわす，会う，見付ける）です（"to meet, find, or discover someone or something **by chance**"—*LDOCE*[6]，太字は著者)。このように come across は**「偶然／たまたま」**，「人やもの」を見つけた時に用います。

解答例 ② If you **come across** an article on sumo, please save it for me.

同類の **bump into** や **run into** とともに活用しましょう。

3番目は人物描写です。Translate the following into English.

③ 社長はとても**あつかましい**人物だという**印象を受けた**。

ヒント 「あつかましい」pushy

「印象を受ける」では receive/get/have an [the] impression of などを思い浮かべます。でも**「一見…のような印象を受ける」**という場合には，やはり **come across**（＋as, like 〜）でしょう。もちろん課題②とは違う用法です。

この句動詞のキモは受け手の**「直感」**です（"An idea, feeling, or opinion about something or someone, especially one formed **without conscious thought or on the basis of little evidence.**"—*OALD*[7]，太字は著者）とあるように，**「対象に関する印象が受け手の頭の中を横切る」**と英語では発想するのです。脳内で情報伝達（neurotransmission）が横切るのですね。

これから直感の人物描写をすることがあったら come across を使ってみてください。

解答例 ③ The president **came across** as a very pushy person.

次はプレゼン隆盛の今に即した表現です。英語にどうぞ！

④新人にもかかわらず飛鳥は要点を顧客に**見事に伝えること**
とができた。

ヒント「新人」rookie 「要点」point

「見事に伝える」は tell, express, convey, communicate などに
well などの副詞をくっ付ければ OK です。しかし **get ～ across**
(to) だけでも「見事に（successfully）伝える」という意味を表
します。to はコミュニケートする対象を表します。飛鳥さんが
「顧客の心の中へと横切るように要点を伝えたこと」を across が
担っています。*LDOCE⁶* は "to succeed in communicating an idea
or piece of information to someone, or to be communicated suc-
cessfully" と定義しています。

解答例④ Although she was a rookie, Asuka was able to **get**
her point across to her customers.

最後もコミュニケーション・スキルに関連したものです。英語
に速訳してください。

---

⑤視覚教材は生徒に**わかりやすくメッセージを伝える**のに
便利なツールです。

ヒント「視覚教材」visual aids

「わかりやすくメッセージを伝える」は，まじめに（？）訳す
と，in a way that's easy for others to understand のように，やや
長い修飾語句が伴ってしまいます。これを回避できるのが **put**

180

〜 across ("to express your ideas and opinions clearly **so that people understand them easily**"—*CALD*⁴) です（太字は著者，cf. put 〜 over）。このように put 〜 across は**「聞き手が容易に理解するように」**という箇所がポイントで，「相手中心」のニュアンスが加味されます。そのためではありませんが，put 〜 across には「まんまと信じ込ませる」というちょっぴりネガティブな用法もありますので，ご注意を！

解答例 ⑤ Visual aids can be a useful tool to **put** your message **across to** students.

　以上，across を含む句動詞の数は多くはないものの，人間のコミュニケーションになくてはならない状況を伝える時には持ってこいの句動詞です。コミュニケーションはやはり「クロス」するものなのですね。

36 「前を向く」ahead

このセクションでは ahead を含む句動詞を取り上げます。ここも one-shot の解説となります。

ahead の語源は「(先) 頭 (head) の方向に (a)」です (*G6*)。そこから **「前方へ・前もって」** という意味が生まれ，基本動詞との組み合わせで用いられるようになりました。

まずは「前向き」の代表的な課題文です。太字箇所に着目して英訳してください。

---

① うちの社長はいつも**次の一手を考え**ています。

「先の一手を考える」の訳は think of what to do next でしょう。でも，**「前もって考える」** と置き換えると，**think ahead (to)** が使えます。この句動詞はその形から推測できるように **「(…について) 前もって考える，先読みする」** という意味で使われます ("to make plans about things that will or may happen in the future, **so that you will be prepared for them**"—*MEDAL*[2]) (太字は著者，cf. think back)。

think ahead はこのように「備える」のがポイントになる英語らしい表現です。同じ意味の **look ahead (to)** も併せて押さえておきましょう。

もっとも，一手先を読むだけでは，大脳基底核の中にある尾状核が活発に働く藤井聡太七冠には遠く及びません。

解答例① The president of our company is always **thinking ahead to** the next move.

これも日本語の慣用表現です。即訳してください。

---

② 司法試験に合格したいのなら今から事前に**計画を練って**おかないといけないよ。
> **ヒント** 「司法試験」the bar exam

「事前に計画を練る」は **plan ahead** です。前述の think ahead と同じく**「前もって」**の意味を ahead が担い，全体で**「前もって予定し，のぞまなければならない」**という意味が表されます（to plan something a long time before it will happen etc.— *CALD*[4]）。

解答例② You really have to **plan ahead** if you want to pass the bar exam.

　次も予定に関係する慣用表現です。アナウンスをするような英語に！

---

③ 集会は予定通りに**行われます**。
> **ヒント** 「集会」convention　「予定通りに」as planned

「行う」では happen, take place などがお馴染みですね。でも，もっとお馴染みの **go ahead** でもこの表現を訳すことができるということはあまり知られていません。go ahead はもちろん「先に行く」が第一義ですが，他の語義として**「行う，実行する」**があるのです。*CCALED*[5] は "If a process or an organized event goes ahead, **it takes place or is carried out**." とこれを定義していますが（太字は著者），この用法が**「前方へ行く」**からの発展であることがわかります。

解答例 ③ The convention is now **going ahead** as planned.

　ネタバレですが，次も同じ句動詞で訳すことができます。

---

④（社長決済で）事情は了解した。契約を**進めなさい**。

　「進める」は proceed などで表現できますが，実は上と同じ go ahead でもこなせるのです。

　go ahead には**「…し始める」**という用法がありますが，やみくもに go ahead するのではありません。*MEDAL*[2] は "to start or continue to do something, **especially after waiting for permission**" と定義しています。

太字（著者）からわかるように，ポイントは**「許可を待ってから」**です。なお，目的語は with でつなぎます。

> **解答例④** OK, I understand. Please **go ahead with** the contract.

「出世する」は最初のほうで扱いましたが（→ p. 10），ここは違う角度から攻めてみてください。

> **⑤** 日本では女性が医学界で**出世する**のは依然として難しい。
> **ヒント** 「医学界」medical circles

「出世する」の big word の定番は promote ですが，ここでは「前方→上方」と置き換え，**get ahead (in)** を用いてみます。**「仕事や組織などで出世する→他人よりも早く先に行く」**（"to be more successful, or to progress **more quickly than other people**"—*MEDAL*²）と和文和訳してみます。太字（著者）で示した**「他の人よりも早く」**という箇所が，ahead が伝えるニュアンスです。

そういえば昔，タイヤのコマーシャルで **Get a step ahead.** というコピーがあったことを昭和ドライバーの著者は覚えています。今はそんな時代ではありませんね。

> **解答例⑤** It is still very difficult for a woman to **get ahead** in medical circles in Japan.

以上，ahead は認知心理学で言うところの**「メタ認知能力」**（meta-cognitive ability，客観的に自分を認識する能力）にも深く関係します。計画を立てたり，それを実行したりする時にはな

くてはならない能力に結び付く表現です（cf.**「離見の見」**世阿弥『風姿花伝』）。

　次は apart を含む句動詞へと進みます。

37 「ばらばら」の apart（1）

§37-39は apart を含む句動詞のシリーズです。apart は **a-** が「へ」を，**part** が「**一方の側**」を意味します（*G6*）。

apart が基本動詞と結び付くと，「**（距離・時間的に）離れて**」，「**ばらばらに**」，「**別にして**」（*G6*）などの意味を動詞に付加します。

最初はよくある場面からです。太字箇所に注意してそれぞれ英訳してください。

> ① そっと，そっと。その古文書は簡単に**ばらばらになっちゃうよ**。
>
> ヒント 「そっと，そっと。」Easy, easy.　「古文書」old documents

この課題文にはズバリ，**fall apart** がハマります。この句動詞は「**（もの，こころ，組織など）が壊れる，分解する，崩壊する**」という意味を表します。

注意したいのは，fall apart が対象とするのは「**古いもの，粗悪品**」などであるということです（"to break because of **being old or badly made**"—*MEDAL*[2]，太字は著者）。つまり，壊れると元には戻りにくいというのがポイントです。

なお，「そっと，そっと」は辞書的には softly や gently ですが，子供時分から著者が耳にしているのが Easy, easy. です。これに

は優しくゆっくりとした言い方，イントネーションが伴います。YouTube などで実例を探して確認してください。

解答例 ① Easy, easy! Those old documents may **fall apart** easily.

次は「あるある」です。英語に訳しましょう。

---

② プラスチック製のおもちゃのクルマは甥が最初に遊んだ時に**ばらばらになった**。

課題文には **come apart** が合います。come apart は**「(力をさほど加えずに) はじめから外れる，分解できるようなもの」**を対象に用いられます（"If something comes apart, it breaks or collapses."—*CCALED*[5]）。プラスチックのおもちゃなので，「ばらばらになる」を意味する come apart がハマる訳です。課題①で扱った類似表現の fall apart の方は，同じ「ばらばら」でもその対象は**「使い古されたものや粗悪品」**で，復元しにくい，ということを押さえておきましょう。

解答例 ② The plastic toy car **came apart** the first time my nephew played with it.

次は時事英語からです。Put the following into English.

---

③ その協定は**決裂**の危機に直面している。

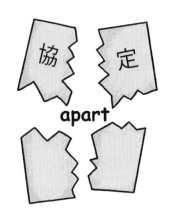

ヒント 「～の危機に直面している」be in danger of ～

　課題文は，かつて調印をして締結されたものが「ばらばら」になりそうな状況と解釈できます。この**「決裂する」**も **fall/come apart** で表せます。上述の語義から発展し，古い新しいに関係なく，**「(組織，交渉，協定などが）決裂する，機能しなくなる，白紙に戻る」**の意味でも用いられるようになりました。*CALD*[4]は "If an organization, system, or agreement falls apart, it fails or stops working effectively." と説明しています。

解答例③ That agreement is in danger of **falling/coming apart**.

　今度は人間関係の「ばらばら」に関わる課題文です。英語にどうぞ！

④ 彼らの関係は彼が（浮気して）彼女を裏切ったことで**終わりになった。**
ヒント 「（浮気して）彼女を裏切る」cheat on her

　「終わる」は end, break ですが，課題③と同様，**come apart** は**「人間関係が終わる，崩壊する」**という意味でも用いることが

できます。関係が崩れるのも，場合によっては，ばらばらになることですね（"If something comes apart, it breaks or collapses." —*CCALED*[5]）。

解答例④ Their relationship **fell/came apart** after he cheated on her.

セクション最後の課題文は突然の不幸をめぐるものです。Give it a try!

---

⑤ 娘の突然の死を聞き，彼は心が**散り散りになった**。

「心が散り散りになる」には emotionally exhausted などの意訳も可能ですが，実はこれも **fall/come apart** で処理できます。この句動詞の意味上の核は，*CALD*[4]が informal "to experience serious emotional problems that make you unable to think or act in the usual way" と定義しているように**「何も手がつかなくなる深刻な心的な状態」**です。心が「ばらばら」になるのです。つらい状態ですが，その辛さを apart が担ってくれます。

解答例⑤ He **fell/came apart** when he heard the news of the sudden death of his daughter.

---

apart が伝える「ばらばら感」の用例はまだまだあります。次も考察を加えて行きます。

38 「ばらばら」の apart（2）

apart を含む句動詞の続きです。このタイプの句動詞はイメージしやすく，覚えやすいのが特徴です。

さて，演習に入りましょう。下線部に注意してサクッと英訳してください。

---

① ジョージはくっ付いていた2つのあめ玉を**引き離した**。

ヒント 「くっ付く」get stuck together

「引き離す」は separate や break が定石ですが，句動詞では断然，**pull apart** です。文字通り pull は「引っ張る」です。それに apart が来ると**「引っ張って→離す」**というイメージが浮かびます。

その昔，缶入りのドロップあめがくっ付いて，口の中で歯を使って引き離す（?）ことがよ

くありました（懐かしい！　サクマ！）。ちなみに類例の「引き裂く」は **tear apart**，「切り裂く」は **rip apart** です。

> **解答例①** George **pulled apart** two pieces of candy that had gotten stuck together.

次は TV シリーズ「警察24時」の一場面です。Quick translation で！

> **②** 警察官たちは酔っ払ってけんかをしていた2人を**引き離した**。
>
> ヒント「酔っ払い」drunk

これも separate や break で訳出できますが，句動詞では課題①と同じ **pull apart** が活用できます。

繰り返しになりますが，pull は「力」（force）の動詞ですね。これに apart を付けた pull apart は "to separate (people or animals) in order to stop a fight"（*MWCD*[11]）という意味になり，あめ玉に限らず，**「人や動物間の争いを止める」** 時にも用いることができるのです。

> **解答例②** The policemen **pulled** the two fighting drunks **apart**.

3番目は再び子供に登場してもらいます。

> **③** 私の姪はなんでも**分解しちゃうの**！

子供にいろいろなものをばらばらにされた経験から，どうも同じような文を思いついてしまいます。

　「分解する」と聞くと disassemble を想起するかもしれませんが（対義語：assemble）これは big word です。「普段着」では **take apart** という選択があります。これは "to separate something into all its different parts"（*LDOCE*⁶）という意味で，主語（行為者）が**「分解する，ばらばらにする」**という意味になります。

解答例 ③ My niece loves to **take** things **apart**.

　No. 4は米メジャーリーグに関する課題文です。Put it into English.

---

④ 昨夜の試合ではボストン・レッドソックスがニューヨーク・ヤンキースを**一蹴した**。

　ヒント 「ボストン・レッドソックス」the Boston Red Sox　「ニューヨーク・ヤンキース」the New York Yankees

---

　「一蹴する」の訳出はちょっと考えてしまいますが，**「一蹴する→簡単にやっつける」**と「和文和訳」すると，実はこれも **take apart** で表すことができるのです。*MEDAL*²はこの用法を "MAINLY JOURNALISM to beat someone very easily in a game or sport" と解説しています。take apart は英字新聞のスポーツ欄の見出しにはお馴染みの表現です。

解答例 ④ The Boston Red Sox **took apart** the New York Yankees in the game last night.

最後はまたまた刑事ドラマからです（好きなんです）。

---

⑤検察が被告のアリバイを**精査する**ことになっている。

　ヒント｜「検察」prosecutors 「被告」defendant 「アリバイ」alibi /ǽləbaɪ/

「精査する」では examine や scrutinize などが定番です。でも句動詞では**「ばらばらにする→徹底的に調べる」**と考え，これもまた **take apart** で訳せます。take apart は字面だけではイメージしにくいのですが，「機械を分解するように調べる」ととらえるとどうでしょうか（"If you take apart something such as an argument or an idea, you show what its weaknesses are, **usually by analyzing it carefully**." —*CCALED*[5]，太字は著者)。

解答例⑤ The prosecutors are expected to **take apart** the defendant's alibi.

　毎年秋になると，著者は所属の学会誌や専門誌に投稿された論文の査読をします。その過程では論文を1枚1枚「ばらばら」にするように精読します。老眼鏡と共にまさに take apart を行うのです（そろそろ引退したい……）。

39 「ばらばら」の apart (3)

apart がもたらす「ばらばら」用法の最後の考察です。私たちの生活では「ばらばら」にすることが多いと，今更ながら実感しています。

さて，まずは太字箇所に注意して以下の課題文を英訳してください。

①あの一卵性双生児を**見分ける**のは至難の業です。

> ヒント 「一卵性双生児」identical twins 「至難の業」next to impossible

「見分ける」では distinguish や discriminate が思い浮かびますが，句動詞では **tell apart** がピッタリときます。tell には単に「話す」だけではなく，「違いを見分ける」（例：**tell A from B**）という用法があるのはご存じの通りです。

tell が apart を伴うと**「ばらばらにして（分けて）知る→見分ける」**となります。ポイントは**「よく似た 2 つのものや人が対象**

になる」ということです（"to be able to see the difference between two very similar things or people"—*CALD*[4]）。

解答例① It is next to impossible to **tell** those identical twins **apart**.

「ばらばら」は人間心理にも及びます。Put the following into English.

---

②胃の痛みで彼は身が**引き裂かれそうな**感じを覚えた。
　ヒント「胃の痛み」pain in one's stomach

「身が引き裂かれそうな」という箇所は **feel torn** などでも訳せますが，よく知られた **tear apart**（"to pull something so violently that it breaks into two or more pieces"—*CALD*[4]）にも「**人の心を引き裂く，苦しめる**」（"to make someone feel extremely unhappy or upset"—*LDOCE*[6]）という用法があります。裂くのはスルメイカ（dried squid）だけではない（笑）。

解答例② The pain in his stomach almost **tore** him **apart**.

課題③は再び人間関係です。なぜか取り上げてしまいました。

---

③彼は新しい仕事にのめり込み，家族は**ばらばらになりつつ**あった。
　ヒント「〜へののめり込み」devotion to 〜

「ばらばらになる」は課題②と同様 **tear apart** で表せます。**「一度はまとまっていたものをばらばらにする」** というのがポイントです（"to make a group of people that was united, such as a country, family, or political party, argue or fight with each other **by dividing it into two or more parts**"—*CALD*[4]）（太字は著者）。このように「ばらばら」にする動作の対象は **「国家，組織，団体，家族関係」** など，広範囲に及びます。

> **解答例 ③** His devotion to his new job was **tearing** his family **apart**.

　次はお金も「ばらばら」にできるというお話です。英訳してください。

> **④** 彼女は給料の一部を，ロンドンの大学院留学に備えて**貯めている**。
>
> **ヒント** 「給料の一部」some portion of one's pay　「大学院」post-graduate school（英国用法）/ graduate school（米国用法）

　「貯める，別にする」は save, put aside と英訳できますが，これは **set apart** でも表せます。**「ばらして（分けて）除いておく」** ということです。

　set apart は "to keep something separate in order to use it for a particular purpose" と定義され（*MEDAL*[2]），**「特定の目的のために…を別にしてとっておく」** という点を押さえてください。

> **解答例 ④** She has been **setting apart** some portion of her pay

for studying at post-graduate school in London.

最後の課題文です。即訳できますか？

⑤ みゆきには生まれながらのリズム感があり，それが他の
歌手との違いを**際立たせている**。

ヒント 「生まれながらのリズム感」natural sense of rhythm

　その昔インスタント・コーヒーに「違いのわかる男」という広
告コピーがありました。こうした「違い」を際立たせる時にも
set apart が使えます。*CCALED*⁵は "to make someone or some-
thing different and special" と定義しています。**「他から一つも二
つも抜きん出ている→際立つ」**という発想からのものです。対比
する対象は from で示します。

解答例 ⑤ Miyuki has a natural sense of rhythm, and that's
what **sets** her **apart from** other singers.

198

40 「円周運動」の around（1）

　いよいよ本書最後の「普段着の英語」表現として，around を含む句動詞を扱います。

　around の語源は「**a（＝on）＋round**」です。文字通り「**円を描くような意味**」を動詞に与えます。早速，課題文を通してその働きを見てみましょう。

around

　最初は基本のキです。速訳してみましょう。

---

① ここからは多くのランナーが皇居の**周りを回っている**のが見えます。

　ヒント 「皇居」the Imperial Palace

　皇居の周りを**「円を描くように回る」**（"move in a circle"——*MEDAL*²）と発想すると，**go around** が適切ですね。

　go around が描く円はコンパスできっちりと描くようなものではなく**「おおまかな感じの円」**ということを押さえておきましょう。英国用法の **go round/about** もほぼ同じ意味です。

You can see a lot of runners **going around** the Imperial Palace from here.

2つ目はパーティーなどの「あるある」です。英語にしてください。

> ② (乾杯前に幹事さんが) シャンパン，**みんなの分，十分あるかな**？
>
> [ヒント] 「シャンパン」champagne

「…が十分ある」は，文字通りに訳せば have enough ... to feed, have enough ... for everyone となりますが，**go around** にも **「行き渡る」**，**「あちこちに広まる」** という用法があるのです。*CCALED*⁵は "If there is enough of something to go around, there is enough of it to be shared among a group of

around

people, or to do all the things for which it is needed." と説明しています。集まった人を円のようにイメージし，**「…が人々（のところ）に回る」** と理解してください。

> 解答例② Hey guys! Is there enough champagne to **go around**?

次は仏教用語です。少し考えてから英訳してみてください。

---

③ 彼らにきつくあたるのはやめなよ！　**因果応報になるよ。**

> ヒント「〜にきつくあたる」be hard on 〜

---

go around と **come around** の両方を用いた What goes around comes around. で**「自分の行いは巡り巡って自分に帰って来る」**という「因果応報」に相当する表現が訳出できます。*MWCD*[11]にある "used to say that if someone treats other people badly he or she will eventually be treated badly by someone else" という定義から分かるように**「大きな円」**が描かれるわけです。

解答例③ Don't be hard on them! **What goes around comes around**!

次も「円」に関係するのでしょうか。即訳してください。

---

④ 友達の息子さんは1週間前に交通事故に遭って**意識がまだ戻っていない。**

「意識が戻る」は recover/regain one's consciousness, resuscitate などを思いつきますが，実は **come around** にも同じような意味があるのです。意識が元に戻るというのは円を描くことと一緒なのですね。

蛇足ですが，受験でお馴染みの **come to (oneself)** も類似表現ですが，**「無意識の状態が長い」**のが come around です。

解答例④ My friend's son was in an accident a week ago but has not **come around** yet.

最後は我が家での出来事からです。Try your best!

⑤ フィンランドの大学に行きたいって真剣に思っていることはわかっているわ。心配しないで，最後はお父さんも**折れるわ**。

ヒント「最後は」eventually

「折れる」には「考え方を変える」，「意見を受け入れる」の意味の **come around** が使えます（"If you come around or come round to an idea, you eventually change your mind and accept it or agree with it."—*CCALED*[5]）。ポイントは**「当初は反対だったが，ぐるりと回って気が変わり，異なる意見を受け入れる」**ということです。ここにも円が見えますね。

ちなみに愚息のケースでは著者が最後に折れて，フィンランドならず，ドイツ・フランクフルトへの交換留学を果たしました（ただコロナのため留学は9か月で終わりましたが……）。

解答例⑤ I know you really want to go to that university in Finland. Don't worry. Your father will **come around** eventually.

41 「円周運動」の around（2）

　回るイメージを動詞に与える「around 句動詞」の２つ目です。今回は円周運動から発展した比喩的な言い回しに focus します。

　まずはシンプルな鉄板表現です。太字箇所に注意して訳出してください。

> **①** インフルエンザがまた**はやっている**。気をつけてね。
> ヒント 「インフルエンザ」the flu

　「はやる」は「蔓延する」と置き換えられますね。こう考えると，spread（→ p. 23）や be prevalent などで訳せます。でも「普段着」の方では **go around**（英 go about）というチョイスがあります。これは**「あちらこちらを回る→蔓延する／はやる」**という比喩的用法です（"If an illness is going around, a lot of people get it"—*LDOCE*[6]）。

　ちなみに，句動詞ではありませんが，家族で風邪などを移し合う場合などに用いる **do/go the rounds** も使用の頻度が高い言い回しです。

> **解答例 ①** The flu is **going around** again. Be safe.

次は「あるある」です。Put it into English!

---

② 少々お待ちください。誰かに施設内を**案内させます**。

　ヒント 「施設」facility

「案内する」の定番は guide ですが，使用頻度の高い show around / take around は外せません。特に前者は "to lead someone around a place **for the first time**, so that **they can see all parts of it**" —*MEDAL*[2]，太字は著者）とあるように，**「初めての人に」「すべてを見せる」**というニュアンスがあることを覚えておきましょう。

解答例② Could you wait a minute? I'll get someone to **show** you **around** the facility.

3番目は，とある政治家の発言から。Put it into English.

---

③ **それは避けては通れない**んだ。批判は甘んじて受けなければならない。

　ヒント 「批判を甘んじて受ける」face the music

「避けて通る」では avoid や skirt が思い浮かびますが，これは**「回って逃れる」**の意味を持つ **get around** でも表現できます。get around には**「動き回る，歩き回る，（うわさなどが）広まる」**の他，**「(問題などを) うまく避ける，くぐる」**という用法があります。「避けては通れない」を意味する「丸ごとフレーズ」が **There's no getting around it.** です。これは I have to deal with it. と置き換えられます。

> **解答例 ③** There's no getting around it. I'll have to face the music.

今度は日本語の慣用表現です。英語にしてみましょう。

> **④** あの教授はいつも学生を**アゴでこき使っている**よ。

日本語からはイメージしにくいのですが，「回る」の基本義から発展した around の用法には**「手荒く」，「乱暴に」**など，**「荒いニュアンス」**を動詞に伝えるものがあります。boss を動詞に持って来ると**「こき使う」**様子が描写できます。同類には **push/order around** などがあります。

著者もそうならないように気を付けねば（自戒）。

> **解答例 ④** The professor has always **bossed around** his students.

セクション最後も「回って戻る」に関係した言い回しです。

> **⑤** 彼が会社を**建て直した**からといって，いつも自分の思うようになんでもできるということにはならない。

around には**「回って元の場所に戻る→立て直す」**という用法があります。この around が turn に付くと**「(悪い事態・状況な**

どが）**好転する**」という意味になります（"if a business, department, etc that is not successful turns around, or if someone turns it around, it starts to be successful"—*LDOCE*[6]）。

　課題文を考案した時には，日本の某自動車メーカーを立て直して，海外に逃亡したあの人が念頭にありました。

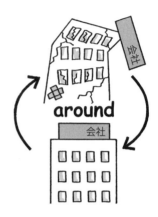

> 解答例⑤ Just because he **turned around** the company, it does not always mean that he can do whatever he wants.

42 「円周運動」の around (3)

　本書で取り上げる句動詞の最終回です。最後は円周運動から発展した比喩的な言い回しに focus します。まずはシンプルな鉄板表現からまいります。

　交通事故の現場からです。太字箇所に注意して英訳してください。

---

① 警察がやって来るまでドライバーができたことといえば
事故現場でただ**突っ立っている**ことだけだった。

　ヒント 「事故現場」accident site

　「突っ立っている」は just stand でも通じますが，ここでは **stand around** が効きます。これには**「なすべきことができずに」**（"to stand somewhere and do nothing, often when you should be doing something"—*MEDAL*[2]）というニュアンスがあります。以前扱った stand by「見守る」の用法ともつながりますね（→ p. 127）。

　解答例 ① Until the police came, the driver could do nothing but **stand around** at the accident site.

次は慣用表現です。即訳してください。

②夫を亡くして以来，彼女は一日中自室に**こもって**時を過ごしている。

「こもっている」だけを取れば confine oneself in one's room, stay in one's room あたりですが，**「何も手につかずに」**という意味合いが出る around を sit にもってきて，**sit around** としましょう。これで**「何も手がつかない」**という状態を表せます。

これを否定にして，**I can't just sit around here.** とすると，**「いても立ってもいられない」**という意味になります。

解答例② Ever since she lost her husband, she spends most of her time just **sitting around** in her room.

ヨーロッパでよく見かけた光景ですが，今はどうなのでしょうか。

③大道芸人たちは**帽子を回して**お金を集めた。
ヒント 「大道芸人」street performer

「次々に…を人々の間に回す」ということは日常よくありますが，circulate は堅い言い回しです。

そんな時には **pass around**（英 pass round）です。これに hat を加えて，**pass the hat around** とすると**「お金，寄付金などを集める」**という意味のイディオムになります。誰もが一度は見たことがある光景ではないでしょうか。

The street performers **passed the hat around** to collect money.

今度は「うわさが回る」お話です。速訳を！

④会社の英国工場閉鎖に関して，いろいろなうわさが**飛び交っています。**

ヒント 「会社の英国工場閉鎖」the closure of the company's UK factory

「飛び交う」で abuzz / rife over などを想起した人は上級者。しかしもっとシンプルに考えると **fly around/about** が思い浮かびます。fly around は文字通り，「（人が）忙しそうに飛び回る」ですが，比喩的に**「うわさなどが飛び交う」**という意味もあるのです。日本語と同じ発想ですね。

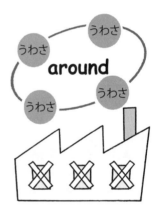

なお，注意すべきは**進行形で用いられる**ということです。

解答例④ Various kinds of rumors are **flying around** about the closure of the company's UK factory.

さて，いよいよトリの課題文です

⑤ ネットワークに大きな不具合が生じています。**当面の対処**法を思いつきませんか。

> ヒント「不具合」glitch

　「対処する」は deal with で行けますが，「当面の，応急の」という意味も出したいですよね。ここは近年，ビジネスでよく用いられる **work around** で処理しましょう。

　around には**「［迂回］（障害物・問題などをよけて）その向こう［反対側］に」**（*G6*）という用法がありました。これを work と一緒に用いると**「当面の対処」**という意味が表せます。

　この句動詞，IT 業界では workaround（システム上で問題が発生した際の応急措置）という名詞になっています。

> **解答例⑤** There's a big glitch in our network. Can you think of any way to **work around** this?

　先般も携帯電話の大手キャリアによる通信障害が起こり，社会生活に大混乱が生じました。そういう場合に work around ができるような binary のシステムが必須であることを実感しました。

おわりに

　big word に比べると句動詞はシンプルな単語の連合体です。しかし，それには独特のリズムがあり，コミュニケーションでは下手な big word よりも「効く」ことがあります。句動詞を使いこなせるようになると，英語力も，英語コミュニケーション能力も確実に次の段階へと進むことになるのです。

　とは言っても，本書で取り上げることができたのはそのほんの一部の基本だけです。discourage するわけではありませんが，句動詞の海は果てしなく，深いのです。ネイティブが普段使いこなしているものをまとめるとすれば，辞書並みの厚さの紙面が必要でしょう。

　だからといって give up したりはしませんよね。どうぞこれを機会に，本書でふれることができなかったさまざまなパターンの句動詞のマスターにのぞまれんことを期待します。その際，前置詞／副詞の働きからの視点は新たな句動詞学習の手助けとなるはずです。がんばってください。

　著者もまた機会（と体力）があれば，次のレベル（CEFR B1〜B2, できるなら C1〜C2 も！）の句動詞についてまとめてみたいと考えています。

　最後にお礼の言葉を述べて締めとします。本書の「ふるさと」である AW 編集部の和田明郎氏には連載の企画段階からお世話になりました。月2回の原稿作成ではともすれば饒舌になりがちの文体を毎度 shape up してくださいました。心よりお礼申し上げます。

　連載の単行本化にあたり大修館書店編集部の五十嵐靖彦氏からは内容の再構築，校正，レイアウト，そして刊行に至るまでのす

べてのプロセスでご尽力をいただきました。ここに記して感謝の意を記します。

　なお，本書にある英文は AW 連載時のネイティブチェックに加え，単行本化に際してさらに2名のネイティブにも校閲をしていただきました。専修大学の同僚 Peter Longcope 博士には英文のみならず，句動詞が実際に用いられる時のポイントを double check していただきました。また，友人の明治学院大学の Charles Browne 博士からはご専門の語彙指導の観点から適切なアドバイスをいただきました。

　以上，単行本化に際して多くの方々のご支援をいただきましたが，それでも「校正畏るべし」です。エラーやタイポがあればそれらはすべて著者の責任です。

　末筆ながら，本書は AW の読者のみなさまを含め，著者がこれまでかかわった人々（含む学生）との合作だと考えております。心からお礼を申し上げます。

参考辞典・事典

【国　　内】

『アドバンストフェイバリット英和辞典』東京書籍 (2002).

『アンカーコズミカ英和辞典』学習研究社 (2007).

『ウィズダム英和辞典 第4版』三省堂 (2018).

『英語基本形容詞・副詞辞典』研究社出版 (1989).

『英語基本動詞辞典』研究社出版 (1980).

『オーレックス英和辞典 第2版新装版』旺文社 (2016).

『クラウン英語句動詞辞典』三省堂 (2014).

『研究社 英語類義語使い分け辞典』研究社 (2006).

『研究社－ロングマン 句動詞英和辞典』研究社 (1994).

『現代英米語用法事典』研究社 (1995).

『ケンブリッジ英英和辞典』小学館 (2004).

『コーパス活用 ロングマン実用英文法辞典』桐原書店 (2005).

『コンパスローズ英和辞典』研究社 (2018).

『三省堂 英語イディオム・句動詞大辞典』三省堂 (2011).

『ジーニアス英和辞典 第6版』大修館書店 (2022).

『ジーニアス英和大辞典』大修館書店 (2001).

『詳説英語イディオム由来辞典』三省堂 (2018).

『新英和大辞典 第6版』研究社 (2002).

『新和英大辞典 第5版』研究社 (2003).

『スーパー・アンカー和英辞典 第3版新装版』学習研究社 (2015).

『プログレッシブ和英中辞典 第3版』小学館 (2001).

『ランダムハウス英和大辞典 第2版』小学館 (1993).

【海　外】

Cambridge Advanced Learner's Dictionary. (4th ed.) Cambridge University Press (2013).

Cambridge International Dictionary of English. Cambridge University Press (1995).

Collins COBUILD Advanced Learner's English Dictionary. (5th ed.) Heinle & Heinle (2006).

Longman Advanced American Dictionary. Pearson Education (2007).

Longman Dictionary of Common Errors. (2nd ed.) Pearson Japan (1996).

Longman Dictionary of Contemporary English. (6th ed.) Pearson Education (2014).

Longman Dictionary of English Language and Culture. Pearson Education (2005).

Macmillan English Dictionary for Advanced Learners. (new ed.) Macmillan Education (2007).

Merriam-Webster's Collegiate Dictionary. (11th ed.) Merriam-Webster (2003).

Oxford Advanced Learner's Dictionary. (7th ed.) Oxford University Press (2005).

Oxford Advanced Learner's Dictionary of Current English. (7th ed.) Oxford University Press (2005).

Oxford Collocations Dictionary for Students of English. (new ed.) Oxford University Press (2009).

Oxford Dictionary of English. (3rd revised edition) Oxford University Press, (2010).

The BBI Dictionary of English Word Combinations. John Benjamins Publishing Company (1997).

The Oxford English Dictionary: Vols 1-20 (2nd ed.) Oxford University Press (1989).

［著者紹介］

田邉祐司（たなべ　ゆうじ）

専修大学文学部英語英米文学科・同大学院文学研究科教授。元早稲田大学大学院教育学研究科客員教授。博士（教育学）。専門は英語教育学，英語音声指導・習得，教師教育，日本英語教育史。

主な著書に『一歩先の英文ライティング』（研究社），『ジーニアス総合英語 第2版』（共著，大修館書店），『がんばろう！イングリッシュ・ティーチャーズ！』（共編著，三省堂），『1日3分 脱「日本人英語」レッスン』（共著，朝日新聞出版），『英語音声学辞典』（共編，成美堂），文部科学省検定教科書 *Genius English Logic and Expression*（著作者代表，大修館書店），文部科学省検定教科書 *New Crown English Series*（共著，三省堂）などがある。月刊誌『英語教育』（大修館書店）では「和文英訳演習室」を担当した。『Asahi Weekly』（朝日新聞社）で現在「ハタと膝を打つ英語表現」を連載中である。

句動詞のトレーニング──「普段着の英語」を身につけよう！

© Yuji Tanabe, 2023 　　　　　　　　　　　　　　　NDC835／214p／19cm

初版第1刷 ──── 2023年9月10日

著　者────田邉祐司

発行者────鈴木一行

発行所────株式会社 大修館書店

　　　　　　〒113-8541 東京都文京区湯島2-1-1

　　　　　　電話03-3868-2651（販売部）　03-3868-2292（編集部）

　　　　　　振替00190-7-40504

　　　　　　［出版情報］https://www.taishukan.co.jp

組版・装丁デザイン── 明昌堂

イラスト────ひろせさかえ

印刷所────壮光舎印刷

製本所────牧製本

ISBN978-4-469-24669-8　Printed in Japan